Gerda Nissen

Typisch Dithmarscher

Ansichten und Profile eines legendären Volkes

Westholsteinische Verlagsanstalt
Boyens & Co.

ISBN 3-8042-0586-0

Umschlaggestaltung Günter Pump, unter Verwendung eines Ölgemäldes
von Nicolaus Bachmann

Herstellung: Westholsteinische Verlagsdruckerei Boyens & Co.
Printed in Germany

Inhalt

Das Bild vom Dithmarscher

Die Dithmarscher stehen in dem Ruf, ein besonderer Menschenschlag zu sein. Innerhalb ihres deutschen Vaterlandes besiedeln sie einen etwas abgelegenen Küstenstrich nahe der nördlichen Grenze, und trotzdem scheint sich die Kunde von den Licht- und Schattenseiten ihres Charakters auf wundersame Weise bis ins entfernte Sachsen, Bayern, Baden oder Saarland verbreitet zu haben.

„Ah, Sie kommen aus Dithmarschen?" – das ist oft der erste Satz, den einer hört, wenn er aus dem Ländchen zwischen Elbe und Eider aufgebrochen ist, um irgendwo Urlaub zu machen. Die Nachfrage hat einen besonderen Ton – ein wenig neugierig, ein wenig bewundernd und auch ein wenig vorsichtig.

Die erste Begegnung mit einem Dithmarscher löst offensichtlich bestimmte Erwartungen aus. Man hat sich ein Bild von ihm gemacht. Und wehe ihm, er ist nicht „echt". Dann erlischt der Funke dieses besonderen Interesses und macht einer leisen Enttäuschung Platz: „Ach so, Sie sind da nur hingezogen. . ." Selbst in der Fremde ist ein zugewanderter Dithmarscher also immer nur „zweite Wahl".

Wieso hat es sich so weit herumgesprochen, daß ein echter Dithmarscher nur der sein kann, dessen Vorfahren in der Schlacht von Hemmingstedt gekämpft haben? Es ist immerhin schon 500 Jahre her, daß 6000 freie Dithmarscher Bauern 12 000 Ritter und Söldner in die Marschgräben trieben und erschlugen. Trotzdem ist es nicht vergessen. Ein schwacher Abglanz des Glorienscheins von damals scheint in der Phantasie vieler Menschen, die diese Geschichte kennen, noch heute über Dithmarscher Land und Leuten zu schweben. Wenn sie dann endlich auf einen Dithmarscher treffen, ist es kein Wunder, daß sie neugierig sind und einen „echten" wollen.

Aber wie viele echte Dithmarscher mag es noch in Dithmarschen geben? Sind sie nicht längst untergegangen im Völkermischmasch, der in das Küstenland eingedrungen ist, seit Technisierung und Verkehr dessen natürliche, jahrhundertelang erbittert verteidigte Grenzen gewaltlos geöffnet haben? Wurde die alte Bevölkerungsstatistik nach dem letzten Weltkrieg nicht durch den unfreiwilligen Zustrom der Heimatvertriebenen und durch den freiwilligen der Großstädter, die Seeluft und Landleben suchten, total auf den Kopf gestellt?

Wenn man sich mit Quantitäten beschäftigen will, sind das wichtige Fragen. Doch hier geht es um Qualitäten, die nicht in Zahlen auszudrücken sind. Selbst wenn wir nur noch einen einzigen echten Dithmarscher fänden, so könnte er doch alles verkörpern, was von grauer Vorzeit bis heute über die Dithmarscher geschrieben und gesprochen worden ist.

Aber Gott sei Dank gibt es mehr als einen.

Es sind immer noch genug, um den gut gemischten Teig zwischen Eider und Elbe in Gärung zu halten und ihm sein spezielles dithmarsisches Aroma zu geben.

Dieter Bellmann, ein Zu- und wieder Abgereister, der für einige Jahre Pädagoge in Heide war, sieht das so: „Jahrhundertealte Traditionen sind innerhalb zweier Jahrzehnte unter dem Druck unserer Leistungs- und Wohlstandsgesellschaft in kleinste Zirkel und Vereine zurückgedrängt, das regionale

Image am Autoheck: Hupen zwecklos ...

Selbstbewußtsein ist im Schwinden oder schon nicht mehr vorhanden."

Das regionale Selbstbewußtsein – ja. Aber das persönliche lebt – nicht zuletzt in der Arzthelferin, der Friseurin oder dem Textilverkäufer, die in der Eltern- oder Großelterngeneration noch einen Bauernhof nennen können, der in die Familie gehört. Dithmarschen war einst ein Bauernland mit ruhmreicher Tradition. Damit ist heute kein Blumentopf mehr zu gewinnen. Daß man bäuerliche Vorfahren hat, darüber wird nur noch gesprochen, wenn es der Zufall so ergibt – dann aber nicht verschämt oder gleichgültig, sondern mit genau der Prise Stolz, die einem eingeborenen Dithmarscher so gut ansteht.

Charakter oder Image?

Als Professor Walter Lammers, Verfasser des Buches „Die Schlacht bei Hemmingstedt“, im Jahre 1985 einen Vortrag über den Charakter der Dithmarscher hielt, war die Halle des Landesmuseums in Meldorf bis auf den letzten Platz besetzt. Ob eingeborene oder zugezogene Dithmarscher – alle waren offenbar begierig, etwas über sich selber oder den alteingesessenen Nachbarn zu hören.

Lammers benutzte keine Eigenschaftswörter, sondern zeigte anhand von alten Quellen Verhaltensweisen von Dithmarschern auf, aus denen sich seine Zuhörer ihren eigenen Vers machen konnten.

Im privaten Kreis nach dem Vortrag gab er zu bedenken: „Man muß unterscheiden, welche Handlungen und Verhaltensweisen wirklich aus dem Wesen der Dithmarscher kommen und welche bewußt oder unbewußt bereits geprägt sind von dem Image, dem nachgelebt wird.“

Da hat er etwas gesagt! Es kompliziert die Sache noch ein wenig.

Image – ein neues Wort im Sprachgebrauch, das in den 60er Jahren auftauchte. Der Brockhaus von 1954 kennt es noch nicht. Der Duden erklärt es als „vorgefaßtes, festes Vorstellungsbild von einer Einzelperson oder Gruppe; Persönlichkeits-, Charakterbild.“

Auf Befragen verleihen Freunde und Bekannte dieser wertneutralen Erklärung noch ein paar feine tendenziöse Nuancen.

Der eine sagt: „Image ist der Eindruck, den man auf andere macht. Er wird mit Werbemitteln erzeugt und kultiviert."

Ein anderer kurz und bündig: „Image? Das muß nicht so sein, wie man wirklich ist".

Eine dritte (übrigens Dithmarscherin): „Image ist etwas, das man mühsam aufbaut und dann dauernd verteidigen muß".

Nachdem wir also ungefähr wissen, was ein Image ist, bleibt zu klären, ob die Dithmarscher eines haben.

Wenn ja, woher, seit wann und ob sie es kultivieren.

Eine hochgestellte Persönlichkeit des kommunalpolitischen Lebens, Kreispräsident Rolf Gosau aus Hennstedt, pflegt hin und wieder bei offiziellen Anlässen auswärtige Gäste mit „dem kostbarsten Geschenk der Welt: dem Händedruck eines Dithmarschers" zu überraschen. Das ist ein eindeutiger Beweis, daß die Dithmarscher ein Image haben und sich nicht scheuen, es zu pflegen. Doch woher es kommt und seit wann es existiert, bedarf etwas umständlicherer Untersuchungen.

Am einfachsten wird noch die Frage zu beantworten sein, ob man erkennen kann, wann ein Dithmarscher seinem Image nachlebt und wann er darauf pfeift.

Solange es um Verhandlungen, Diplomatie und wirkungsvolle Auftritte geht, wird man immer damit rechnen können, daß das Image dabei ist und eingesetzt wird. Doch es gibt Augenblicke – zum Beispiel, wenn jemand plötzlich in Not gerät und dringend Hilfe braucht oder aber so unverschämt ist, einem Dithmarscher die Butter vom Brot zu nehmen – da wird die Zeit zu knapp für Imagepflege. Da ist der Dithmarscher ganz er selber, ob er nun Publikum hat oder nicht.

Lieber löblich handeln, als lieblich reden

Die alten Dithmarscher haben es kaum verstanden, sich selber schriftlich ins rechte Licht zu setzen. Andere über Dithmarscher, da gibt es Zeugnisse genug. Aber Dithmarscher über sich selber, das ist schwarz auf weiß relativ selten zu finden.

Alfred Kamphausen schreibt dazu: „. . . der Dithmarscher aber . . . ist von einer eigenartigen Unruhe. Er weiß um die an keiner anderen Stelle wiederholte Geschichte seiner Landschaft. . . Aber er lebt doch nie rückwärts gewandt, sondern plant stets voraus."

Dieter Bellmann erklärt dieses Phänomen genauer: „Natur, das ist im Sprachgebrauch der schleswig-holsteinischen Westküste Ebbe und Flut. Technik bedeutet Deichbau. . . Hier war der Mensch von Anfang an zur Technik verurteilt. Sobald er in Betrachtung verharrte, hörte er auf, ein geschichtliches Wesen zu sein, dann machte die Natur Geschichte. . . Wer gegen Naturgewalten kämpft, kommt nur ins Buch der Heimatkunde und gilt als geschichtslos. Es sei denn, er hat irgendwann einmal eine männermordende Schlacht geschlagen und eine Freiheit verteidigt, die er selber niemandem streitig machte. . . Wichtig ist, daß zwei . . . verschiedene

. . . haben sie ganz vergessen, ihre mannhaften Taten aufs Papier zu bringen.

Volksgruppen (gemeint sind die Dithmarscher und die Friesen. D. Verf.) mit dem Beginn des Deichbaus um 1000 n. Chr. ein gemeinsames, *technisch* orientiertes Geschichtsbewußtsein entwickelten."

Auch einer der ersten Dithmarscher, der über seine eigenen Landsleute geschrieben hat, eröffnet seine Chronik des Landes Dithmarschen mit einer langen Klage über fehlende Quellen. Johann Adolph, genannt Neocorus, geboren in der zweiten Hälfte des 16. Jahrhunderts im Dithmarscher Dorf Oldenwöhrden als Sohn eines Predigers und Schulmeisters, seit 1578 Küster und Schulmeister und seit 1590 auch zweiter Prediger auf der Insel Büsum, kommt schon vor 400 Jahren hinsichtlich der jahrhundertelangen „Geschichtslosigkeit" der frühen Dithmarscher zu ähnlichen Schlüssen wie Kamphausen und Bellmann.

Als Sohn des Landes fühlt sich Neocorus von dem Mangel

an schriftlicher Überlieferung wahrscheinlich besonders betroffen, denn ihm fallen dafür ein paar wirklich akzeptable Gründe ein:

„Ohne Zweifel hat der Mangel an alten Überlieferungen auch die Ursache, daß die Dithmarscher als mannhafte, streitbare Helden lieber löblich und ehrenhaft handeln als lieblich und großartig reden wollen. Während sie sich jederzeit aller ritterlichen Tugend befleißigten, haben sie ganz vergessen, ihre vielen und mannhaften Taten fein artig und ordentlich aufs Papier zu bringen. Sie haben sie nicht einmal aufgezeichnet, geschweige denn nach Gebühr mit allen Umständen und Farben ausgemalt und als gegenwärtig vor Augen gestellt. Ja, gerade diejenigen, die die weisesten, umsichtigsten und vornehmsten waren, wurden bei großen Händeln, wichtigen Sachen und großer Gefahr am meisten gebraucht, ließen sich dafür auch gerne gebrauchen. Je höher und angesehener jemand war und sich in Ehren hielt, desto lieber hätte er gewünscht, daß *andere* seine mächtigen Taten der Ewigkeit überliefert hätten, anstatt daß er selber die Zeit damit zubringen sollte, die Geschichte anderer rühmend zu vermelden und dabei das Heil des Vaterlandes zu versäumen. Es war eben ein jeder in tätiger Mannhaftigkeit beschäftigt genug, oder auch mehr als beschäftigt.

Und indem sie ihre Kinder lieber mit gegenwärtigen, lebendigen Beispielen als mit toten, geschriebenen Buchstaben zu Ehre und Tugend anleiteten, haben sie unwissentlich ihre Nachkömmlinge um die Wissenschaft von trefflichen Dingen und um einen großartigen Ehrenspiegel beraubt.

Denn das wird niemand in Abrede stellen: wenn die Dithmarscher viele Dinge, die sich inner- und außerhalb ihres Landes mit ihnen zugetragen haben, aufgezeichnet hätten, dann würde es so viele inländische Beispiele geben, daß man nicht aus Not der ausländischen bedürfte – es sei denn zum Spaß.

Diese Beispiele würden den griechischen und lateinischen Geschichten . . . wenig nachstehen. Das wenige an Aufzeichnungen, das jetzt gerade noch wie aus dem Feuer gerissen mit Not vor dem offensichtlichen Verderb und endgültigen Untergang gerettet wird, liefert bemerkenswerte Anzeichen dafür und sichere Erkenntnis darüber, was für ehrenhafte und großartige Geschichten sich ereignet haben und verlorengegangen sind, über die man mit Verwunderung lesen und hören würde.

Alle Welt weiß und lehrt, welch ein köstliches und edles Ding es um die Schreibfeder oder freien Künste sei, doch jetzt werden sie nicht geachtet und gefördert. Dennoch verdanken wir ihnen, daß nicht alle namhaften Taten der großen, mannhaften Helden mit ihren Leichnamen in der Erde verwest und in Finsternis untergegangen sind.

Es gibt ein paar zu billigende Ursachen (für den Mangel an schriftlicher Überlieferung. D. Verf.), die angeführt werden können: Große, treffliche Leute schweigen still, rühmen sich nicht, beweisen sich aber mit der Tat. Edle und teure Helden, die viel Glauben im Herzen haben, sind von Natur aus schweigsam und führen nicht viele Worte im Mund."

Die Polemik der Gegner

Da die Dithmarscher es also aus sehr ehrenhaften Gründen versäumten, von Anfang an über sich selbst zu berichten, trat ein, was Neocorus so lebhaft bedauerte: „Ausländer" sprangen in die Bresche.

Noch aus der papistischen Zeit im 15. Jahrhundert stammt der sogenannte Presbyter Bremensis, der Bericht eines katholischen Priesters, der, aus dem Lateinischen übersetzt, 1557 in einer Chronik des benachbarten, mit Dithmarschen verfeindeten Holstein erschien. Es ist die einzige (von Neocorus stellenweise mit zornigem Widerspruch zitierte) Quelle, die sich schon vor dem Chronisten aus Büsum nicht nur mit der Geschichte, sondern ausdrücklich auch mit dem Charakter der Dithmarscher befaßt. Darin werden wahrscheinlich die Erfahrungen festgeschrieben, die bremische Missionare mit den heidnischen Küstenbewohnern machten:

„... Auch sind die Dithmarscher im allgemeinen stark und kräftig, keck, gemeinhin langgewachsen, doch nicht fett. Sie haben den Vorsatz, ihr Vaterland frei und ohne Schatzung zu halten oder ohne Zögern für die Freiheit ihres Vaterlandes zu sterben. Wenn da Fehde über das Land kommt, bleibt alle Zwietracht, die sie innerhalb ihres Landes haben, nach, bis die von außen kommende Fehde geschlichtet ist. Sie sind unzuverlässig. Wenn sie aufgegriffen werden, bleiben sie nicht. Sie sind nicht imstande, bei ihrer Gefangennahme Lösegeld für ihr Leben zu zahlen, auch wenn sie reich sind.

Es sind die allerunbarmherzigsten Leute. Alle Feinde, die sie überwältigen, schlagen sie auf grausliche Weise tot. Die toten Körper ihrer Feinde begraben sie nicht, und erlauben auch nicht, daß deren Freunde sie begraben. Sie streiten giftig, bedrohen sich in ihrem eigenen Lande und geben einander die schmählichsten Worte, speien einander in die Augen und dürfen doch nicht vom Leder ziehen."

(„Wollte Gott, daß dieses wahr wäre und es bei Scheltworten bliebe!" fügt Neocorus hier ein. „Es wäre nicht soviel ständiger Totschlag im Lande, wie es – Gott bessere es! – täglich ist.")

Weiter der Presbyter: „Sie sind auch von losen Sitten, außerhalb ihrer Häuser verschlingen sie das Essen wie Hunde. Sie verspotten die toten Leichname und entblößen sie.

Die Dithmarscher Weiber sind wie wilde Tiere und grimmige Wölfinnen (dazu Neocorus: „Nein, sondern wie die Amazonen und andere mannhafte, rühmliche Weiber!"), gehen mit langen Kageln oder Kappen wie Sauen. Sie schlagen tot (Neocorus: „Um ihre Freiheit zu verteidigen") und verspotten die toten Leichname. Sie nehmen wohl die Mägen aus den Leichen und stecken sie auf hohe Stangen.

Wer auch ihr Vaterland gewönne, der darf ihnen kein Vertrauen schenken, da sie ihren ersten Herren totgeschlagen haben, woraus zu befürchten und vorherzusagen ist, daß sie es mit den nachfolgenden Herren auch so tun werden.

Man sagt auch zum Spott in ihrem Lande einen bekannten Spruch: Zeige deine Hand her. Wenn Haare darin wachsen, dann bist du glaubwürdig. Deshalb hat ein Dichter gesagt: Dem Dithmarscher kannst du Glauben schenken, wenn du Haar in seiner Hand findest.

Es dünkt einen, daß man die Dithmarscher viel eher mit

Wenn sie aufgegriffen werden, bleiben sie nicht . . .

List unter Gehorsam bringen sollte als mit Gewalt, indem man die Besten des Landes mit Geschenken an sich zieht und sie dann gegen die anderen ausspielt. Es sind unbändig gierige Leute, und sie nehmen gern Geschenke. Und um der Geschenke willen täten sie vielleicht unerhörte Dinge.

Eines ist auch zu bemerken: daß ihr Land voll Volkes ist und sie etwa sechstausend wehrtüchtige Männer in die

Schlacht bringen können. Und zumindest müßte man sie mit ebenso vielen erfahrenen Kriegsknechten bekriegen, ohne den gemeinen Haufen mitzuzählen, denn sie wollen viel lieber als freie Leute sterben, als in der Knechtschaft leben. Sie rühmen sich, ein freies Volk zu sein, das keine andere Herrschaft hat außer der Kirche zu Bremen. (Neocorus dazu: „Von altersher und rechtswegen, wie die nachfolgende Historie ausweisen wird"). Aber das Gegenteil ihres Ruhmes wird später vermeldet."

Zu diesem Schlußsatz behält sich der Dithmarscher Chronist ein letztes bitteres Wort vor: „Nämlich daß sich Herren zu allen Zeiten widerrechtlich des Landes angemaßt haben und es schließlich mit Gewalt überwältigt worden ist."

Als Neocorus diesen schimpflichen Text, der ihn offensichtlich schmerzte, in seine Beschreibung des Landes aufnahm, wußte er nicht, was für eine Quelle er in Wahrheit benutzte. Er kannte die lateinische Urschrift des Presbyter Bremensis nicht, sondern zitierte die bereits abgemilderte Übersetzung eines lutherischen Amtsbruders aus Holstein, der Johann Petersen hieß.

Trotzdem war dieser Tobak stark genug, um den heftigen Widerspruch des Büsumer Predigers auszulösen. Als Dithmarscher erkannte er natürlich, daß er es hier mit Feindpropaganda zu tun hatte. Und noch heute fassen die Dithmarscher dieses wenig schmeichelhafte Stück ihrer Geschichtsschreibung sozusagen mit Samthandschuhen an. Es ist verständlich, daß sie sich weigern, solche Polemik ernstzunehmen. Zur Imagebildung ist sie denkbar ungeeignet, obwohl der Herausgeber der Neocorus-Chronik, Professor F. C. Dahlmann, 1827 schreibt, daß er die feindselige Schilderung des Presbyter vollständig abdruckt, weil er sie für „gründlich und vom Standpunkt der Holsteiner aus für ungemein charakteristisch" hält.

„Ein wrevelich, mottwillich, stridtbar Volk"

Was auch immer vom Presbyter Bremensis als böswillige Übertreibung und zielgerichtete Agitation abgestrichen werden muß, es bleibt ein Eindruck bestehen, der, wie andere Nachrichten bestätigen, das berühmte Körnchen Wahrheit enthält: sanftmütig waren sie nicht, die Dithmarscher.

Selbst Neocorus kam nicht umhin, an einer Stelle zuzugeben, daß es zu seinen Zeiten in Dithmarschen mehr Totschlag gegeben hat als in der Schauermär der Holsteiner beschrieben. Über seine Gemeinde auf der Insel Büsum schreibt er: „Se hebben alle Tidt ein wrevelich, mottwillich, stridtbar Volk gewesen. . ."

Es streiten sich in seiner Brust offensichtlich zwei Seelen – die des eingeborenen Dithmarschers, der stolz ist auf sein Land, seine Tradition und Freiheitsliebe, und die des studierten Intellektuellen, der als Gottesmann und Chronist nüchtern Abstand nimmt und urteilt.

Viele Dithmarscher sind zu seiner Zeit und früher durch das Messer oder den Fausthammer eines Landsmannes umgekommen. Allein im Jahre 1558 waren es 30 Männer. Selbstjustiz und Blutrache waren damals noch rechtmäßig. Geschlechterfehden konnten große Teile des Landes in feindliche Lager spalten und sich über Jahrzehnte hinziehen.

„Se hebben alle Tidt ein wrevelich, mottwillich, stridtbar Volk gewesen."

Das bekannteste Beispiel dafür lieferte Peter Swyn aus Lunden. Er hatte im Jahre 1508 zusammen mit einigen Verwandten ein Mädchen aus seinem Geschlecht und dessen uneheliche Tochter getötet, indem er ihnen das Haus über dem Kopf anzündete. Damit löste er eine Lawine von Fehden aus, bei denen es mehrere Tote gab. 29 Jahre später wurde er selbst heimtückisch überfallen und mit einem Dolch erstochen, weil er als einer der 48 Regenten der Bauernrepublik ein neues Gesetz gegen Eideshilfe und Blutrache durchgesetzt hatte.

Aber auch ohne schwerwiegenden Anlaß ging es oft genug blutig zu. 1572 wurde in Bunsoh bei einer Hochzeit ein Gast erschlagen. Täter war ein noch sehr junger Mann, dessen Vater als jähzornig bekannt war und deshalb schon oft vor Gericht gestanden hatte.

Drei Jahre später entstand auf dem Heider Pfingstmarkt beim Pferdehandel ein Handgemenge. Mit Schwertern, Knüppeln, Dolchen und Spießen gingen die Marktbesucher aufeinander los. Die Kampfhähne trennten sich erst, als jemand, der seine Pappenheimer kannte, Golddukaten in die Menge warf. Der Trick wirkte sofort, doch für einen, der inzwischen verblutet war, kam er zu spät.

1601 gab es tödlichen Streit zwischen zwei Prominenten. Bei einer Zecherei in Neuenkirchen wurde der Itzemann und Landesgevollmächtigte Carsten Junge vom Pastor und Superintendenten Marcus Wrange erschlagen. Auch Wrange wurde so schwer verletzt, daß er seinen Widersacher nur für kurze Zeit überlebte. Er war ein „Volksheld" gewesen, hatte er doch unter anderem in der letzten Fehde 1559 als Pastor das nicht wehrfähige Mannsvolk bei Schülp zusammengetrommelt und damit die Nordfriesen zurückgeschlagen, die über die Eider nach Dithmarschen eingefallen waren.

1572 war vom König eine höhere Strafe für Totschlag eingeführt worden, um die Dithmarscher Hitzköpfe zur Vernunft zu bringen. Statt bisher 100 Mark sollte dieses Verbrechen jetzt das halbe Vermögen kosten. Doch viel genutzt hat das nicht.

Man darf allerdings nicht vergessen, daß der Umgang der Menschen miteinander vor 500 Jahren anders war als heute. Vieles, was dem Zeitgenossen des ausgehenden 20. Jahrhunderts als grausam, ungerecht und unmenschlich erscheint, war damals üblich oder sogar „gutes Recht", und das nicht nur in Dithmarschen.

Martin Luther, der den gemeinen Mann gut kannte, hat gesagt: „Sassen sin unfruntlich." Mehr als unfreundlich war das Verhalten der Dithmarscher gegenüber Heinrich von Zütphen, der in Meldorf die neue Lehre des Reformators verkündigte und auf Betreiben der papistischen Mönche 1524 auf dem Heider Marktplatz grausam umgebracht wurde. Da der Scheiterhaufen, auf dem er ohne Verhör sterben sollte, aus nassem Holz bestand und nicht brennen wollte, gingen die aufgehetzten und teilweise betrunkenen Dithmarscher mit Füßen, Stichwaffen und Fausthämmern auf ihn los. Der Märtyrer starb durch Schläge mit dem Fausthammer auf die Brust.

Luther schrieb dazu an die Bremer Kirchenherren, daß durch das teure Blut Zütphens Gott viel Gutes und Nützliches schaffen werde. Er bat die Bremer, um Gottes Willen den Leuten in Dithmarschen freundlich beizustehen und zu helfen, denn er hatte gehört, daß es vielen außerordentlich leidtue, solch ein Unglück durch die Mönche in ihrem Land angerichtet zu sehen.

Wie ein roter Faden zieht sich das explosive Rechtsbewußtsein der Dithmarscher durch ihre ganze Geschichte. Gemäßigt durch die immer zivilisierter werdenden Zeitläufte flackert es dennoch hin und wieder auch im 20. Jahrhundert auf.

Als Ende der zwanziger Jahre die Bauern in großen Teilen Deutschlands in eine schwere wirtschaftliche Krise gerieten und sich unter heftigen Meinungsverschiedenheiten die „Landvolkbewegung" bildete, kamen, wie Gerhard Stoltenberg schreibt, „die stärksten bewegenden Impulse . . . aus Dithmarschen". Es war der Büsumer Hofbesitzer Otto Johannsen, der die ersten großen Protestkundgebungen in Schleswig-Holstein organisierte. 140 000 Bauern brachte er am 28. Januar 1928 auf die Beine. Er selbst hatte in Heide an diesem Tag fast 20 000 Zuhörer.

Und wenn auch später ein Eiderstedter, der Landwirt Wilhelm Hamkens aus Tetenbüll, von einer Zeitung wegen seiner Forderung nach Gewaltlosigkeit der „Ghandi des Landvolks“ genannt, die führende Rolle übernahm, so war es doch wieder ein Dithmarscher Bauer, nämlich Claus Heim aus St. Annen, der als erster in den Steuerstreik trat und seine Berufskollegen mit Erfolg aufforderte, dasselbe zu tun.

Er bildete „Wachvereinigungen“ in Dithmarschen und Eiderstedt, die notfalls mit Gewalt Pfändungen und Zwangsversteigerungen verhinderten. Schließlich entschloß er sich sogar zu Sprengstoffanschlägen, weil er der Meinung war, daß legale Mittel nicht ausreichten, um die bäuerlichen Interessen zu vertreten.

Von den ersten sechs kleineren Sprengkörpern, die Häusern von Amts- und Gemeindevorstehern und Gegnern der Landvolkbewegung galten, explodierten nur zwei. Dann allerdings detonierten große Ladungen hochexplosiven Sprengstoffs an mehreren Landratsämtern in Schleswig-Holstein und Lüneburg und rüttelten die Öffentlichkeit wach. Bevor Claus Heim seinen Aktionsradius auf das ganze Reichsgebiet erweitern konnte, wurden er und seine Gefolgsleute verhaftet.

Er hatte als „Bombenleger“ eine internationale Presse, wurde von den einen verdammt und den anderen als Held gefeiert. Doch die Landvolkbewegung zersplitterte sich, nachdem ihr mit Claus Heim eine charismatische Führerpersönlichkeit genommen worden war. In dieser Situation sahen die Nationalsozialisten ihre große Chance gekommen und nahmen sie wahr.

Aber auch sie sollten in Dithmarschen Blutzoll entrichten. Am 7. März 1929 starben zwei SA-Männer einer Kolonne, die in Wöhrden mit kommunistischen Gegendemonstranten ins Handgemenge geriet. Auch ein Kommunist wurde getötet.

Am Grab des SA-Mannes Schmidt in St. Annen griff der

spätere NS-Gauleiter Hinrich Lohse in Anwesenheit Adolf Hitlers tief in die rhetorische Trickkiste: „Sie haben ihn totgemacht, den Kameraden Schmidt . . . nur weil in ihm etwas von dem Trotz lebt, der in der Freiheit und in der Ehre ein höheres Gut sieht als im feilen Lob der erbärmlichen Zeit. . ."

Trotz, Ehre und Freiheit – in der Situation von 1929 drei fatal maßgeschneiderte Stichworte. Sie hatten jahrhundertelang Dithmarscher Bauern zu Kampf und Gefolgschaft motiviert. Hinrich Lohse wußte, was er sagen mußte, wenn er in Dithmarschen Proselyten machen wollte.

Die Wiege der Freiheitsliebe

Die vielzitierte Freiheitsliebe der Dithmarscher kann – wenn überhaupt – heute nur noch im Privaten gedeihen. So, wie sich Politik, Verwaltung, Wirtschaft und Gesellschaft in den letzten Jahrhunderten entwickelt haben, ist die Freiheit oder besser Unabhängigkeit einer regionalen Bevölkerungsgruppe eine Utopie.

Die Integration in den modernen Konformismus hat in Dithmarschen allerdings länger gedauert als anderswo. Das Bewußtsein, „die Freiheit verloren zu haben", ist hier im Vergleich zu den meisten anderen Regionen Deutschlands relativ jung, die Erinnerung an jahrhundertelange Selbstbestimmung noch nicht ganz verblaßt.

Im Zeitalter der Medien, Mofas und Discos ist der prägende Einfluß einer extremen Landschaft auf heranwachsende Generationen nicht mehr so stark wie früher. Und doch – wenn man in der dünn besiedelten Weite eines Kooges einen Bauern nach seinen nächsten Nachbarn fragt, dann zeigt er mit einem gewissen Stolz auf ein entferntes Gehöft und sagt: „De dore is söbenhunnert Meter weg un de op de anner Sied noch'n beten wat wieder." Die Einsamkeit in der Marsch ist für ihn kein „Mangel an Lebensqualität", sondern ein Attribut, das ihn abhebt von anderen, die eng beieinander leben.

Woher die ersten Menschen kamen, die den von der wilden See angespülten, aber auch immer wieder bedrohten Küstenstreifen besiedelten, wissen wir nicht. Plinius berichtet schon kurz nach Beginn der Zeitrechnung mit der Herablassung des kultivierten Römers von armseligen Hütten auf künstlichen Dämmen und Erdhügeln, die bei jeder Flut vom Wasser umspült waren. Immerhin handelte es sich schon um dreischiffige Pfostenhäuser mit lehmverstrichenen Flechtwänden, die bis zu 20 Meter lang und über 5 Meter breit sein konnten. Sie beherbergten Mensch und Tier.

In der Völkerwanderungszeit ist die Küste wahrscheinlich wieder menschenleer gewesen. Woher dann die nächsten kamen, die Mut faßten, Hochwasser und Stürmen zu trotzen, ist auch unbekannt. Auf jeden Fall müssen es Leute gewesen sein, die nicht zimperlich waren und den Umgang mit extremen Naturgewalten vielleicht schon kannten.

Sie richteten sich ein – zunächst mit Viehzucht und nach dem Bau der ersten Deiche auch mit Ackerbau und dem unbeugsamen Vorsatz, der gefährlichen See nach und nach mehr Land und größere Sicherheit für ihr Leben abzutrotzen.

Während die nie hochflutgefährdete Geest in Dithmarschen schon zur Steinzeit von Menschen bewohnt war, mußte die Marsch, wie sie heute ist, dem Meer erst mit vielen Rückschlägen abgerungen werden. Ihre Besiedlung und stückweise Eindeichung hat einen etwa tausendjährigen Kampf verlangt. Hier konnte nur ein Menschenschlag bestehen, der nicht aufgab, wenn Naturkatastrophen immer wieder seine Existenzgrundlagen vernichteten.

Von Generation zu Generation gaben die Marschbewohner ihren unbeugsamen Willen, ihr Stehvermögen und ihren ausgeprägten Erwerbssinn weiter. Schließlich waren sie es gewesen, die das neugewonnene Land durch Deiche gesichert und durch arbeitsaufwendige Entwässerungssysteme trockengelegt hatten. Auf den fruchtbaren Kleiböden waren sie zu mehr und mehr Reichtum gekommen. Mit Stolz sahen sie auf ihre Leistung und stiegen – obwohl zahlenmäßig gegenüber der Geestbevölkerung in der Minderheit – im Mittelalter zur Führungsschicht in Dithmarschen auf.

Die Charaktereigenschaften der Marschbewohner sind es dann auch gewesen, die bis in die heutige Zeit das Vorstellungsbild von einem typischen Dithmarscher prägten. Daß die Dithmarscher auf der Geest sich von denen in der Marsch unterscheiden, ist schon oft beschrieben worden. Zumindest seit dem 19. Jahrhundert, als die Soziologie bisherige Gesellschaftsstrukturen kritisch durchleuchtete. In der Marsch, so hieß es zum Beispiel, halte der Bauer Distanz zu seinem Gesinde, während auf der Geest die Dienstleute mit ihm an einem Tisch säßen.

Die Dithmarscher selber wissen um die feinen Unterschiede in ihrem Land. Die Geestleute haben die jüngere, reiche Elite in der Marsch nur mit gewissen Vorbehalten anerkannt. Die Marschleute haben die mit nicht so reichen Ernten gesegneten Geestbewohner oft ein bißchen von oben herab betrachtet. Als die Eisenbahnlinie von Hamburg nach Norden fertig war, teilte sie – dem Fuß der Geestkante folgend – Dithmarschen in zwei „Adressen“: Wer auf der „falschen Seite der Bahn“ wohnte, hatte die schlechtere.

Aus diesen einfachen Formeln läßt sich vieles ableiten. Fest steht jedoch, daß gerade die Bauerngeschlechter der Marsch die profiliertesten Regenten stellten, die die Dithmarscher Bauernrepublik hatte.

Der Kampf der Dithmarscher um ihre Unabhängigkeit begann spätestens im 8. Jahrhundert. Damals erschlugen sie die ersten christlichen Missionare, in denen sie sicher nicht zu Unrecht auch den verlängerten Arm Karls des Großen vermuteten.

Der Frankenkönig blieb letztlich Sieger, doch hinderte das die Dithmarscher nicht, im Laufe der folgenden Jahrhunderte immer wieder Grafen zu erschlagen, denen Dithmarschen zum Lehen gegeben war, ortsansässige Adelige aus dem Lande zu graulen oder zu zwingen, auf Herrenrechte zu verzichten. Unter den benachbarten Fürstenhäusern muß das widerspenstige Dithmarschen im Mittelalter gehandelt worden sein wie eine heiße Pellkartoffel: Alle hatten Appetit darauf, doch keiner konnte sie lange festhalten geschweige denn essen.

Die Dithmarscher selber hatten schon im 13. und 14. Jahrhundert innerhalb der Auseinandersetzungen der benachbarten Adelshäuser ein wachsames Auge auf alles, was ihrer Unabhängigkeit gefährlich werden konnte. Sie verbanden sich, wenn es dann sein mußte, mit dem „kleinsten Übel" und wechselten auch wohl einmal die Fronten, wenn es ihren Zielen dienlich war.

Der Herr, den sie sich zur Erhaltung ihrer Freiheit „erwählten", war der Erzbischof von Bremen. Bremische Mönche hatten im 8. Jahrhundert von Meldorf aus den christlichen Glauben in Dithmarschen verbreitet und in Meldorf auch die erste Kirche des Landes gegründet. Dithmarschen war daraufhin vom Papst dem Bremer Erzbistum als Diözese zugewiesen worden.

Jahrhundertelang benutzten die Dithmarscher ihre kirchliche Bindung an den Erzbischof von Bremen als Alibi, sobald eine weltliche Macht versuchte, Ansprüche auf ihr Land durchzusetzen. Außerdem war Bremen weit weg – wer von den Pfaffen kümmerte sich dort schon ernsthaft darum, was die Bauern trieben, solange sie ihrer Schutzheiligen Maria nicht die Treue brachen?

Dem Unabhängigkeitsstreben der Dithmarscher kam ihre geographische Lage zu Hilfe. Gemessen an mittelalterlicher Kriegstechnik bewohnten sie eine nahezu uneinnehmbare

„. . . so datt man nich tho Vothe noch tho Perde darhen kamen kann.“

Festung, die mit so fruchtbaren Landstrichen ausgestattet war, daß selbst Blockaden sie nicht in die Knie gezwungen hätten.

Der Presbyter Bremensis schildert 1448, daß es beinahe unmöglich sei, Dithmarschens Küste an der Elbseite mit Schiffen zu erreichen. Da zweimal am Tag bei Ebbe das Wasser ablaufe, würden sie im Schlick liegen bleiben. Auch zu Fuß oder zu Pferde sei kein Durchkommen, denn das vom Wasser freigegebene Land vor dem Deich sei feucht, weich und „schlipperich“. Dasselbe gelte für die Eiderküste zu den Friesen hin.

In Richtung Albersdorf erstreckten sich unwegsame, wüste Moorniederungen. Nur von Holstein her gebe es einen breiten und von der Wilstermarsch einen schmalen Weg, auf denen man trockenen Fußes ins Land könne.

„Aber die ganze Macht und schier das ganze Herz des Landes ist im Nordstrand, in einem Teil des Kirchspiels Meldorf, nämlich in Oldenwöhrden, Wesselburen, Büsum, Neuenkirchen und Hemme. In diesen Kirchspielen wohnen die Besten, Vornehmsten und Reichsten, und man kann schwer zu ihnen kommen."

Das Herz des Landes in der nördlichen Marsch, beschützt von schlüpfrigen Watten und wüsten Mooren – auf diesem Boden stand die Wiege der Dithmarscher Freiheitsliebe. Hier wurden die Leute groß, die Dithmarschen zu einem Faktor in der spätmittelalterlichen Politik und Wirtschaft des europäischen Nordens machen sollten. Die Leute, mit denen sich die in wilden Fehden zerstrittene Bevölkerung identifizierte, sobald es darum ging, Dithmarschens Belange nach außen hin mit der Waffe in der Hand zu vertreten.

Der Stolz der Sieger von Hemmingstedt

Es ist kein Wunder, daß auch Historiker der Gegenwart, die sich mit der Geschichte Dithmarschens beschäftigen, in ihren Publikationen bei aller Sachlichkeit durchblicken lassen, daß sie fasziniert sind. Begegnen sie doch in den Quellen immer wieder Männern von jenem Stoff, aus dem Legenden wachsen.

Heinz Stoobs Buch über Dithmarschen im Regentenzeitalter enthält nicht nur Geschichte, sondern auch Geschichten von diesen Herren, und Walther Lammers' so akribisch ausgeforschte „Schlacht bei Hemmingstedt" liest sich stellenweise wie ein aufregender Roman.

Die Schlacht bei Hemmingstedt im Jahre 1500 ist es dann auch gewesen, die den kleinen freien Bauernstaat Dithmarschen in allen deutschen Landen und über deren Grenzen hinaus berühmt gemacht hat. In nur drei Stunden zerschlugen etwa 6000 Dithmarscher Bauern die wegen ihrer Grausamkeit und Wildheit in ganz Europa gefürchtete Schwarze Garde und die Elite des norddeutschen Adels. Das war eine Streitmacht von insgesamt etwa 12 000 Mann, die der Dänenkönig und sein holsteinischer Bruder aufgeboten hatten, um Dithmarschen endlich ihrem Fürstenstaat einzuverleiben.

Dazu muß man wissen, daß das Dithmarscher Volksaufgebot keineswegs eine exerziergewohnte Truppe war, sondern

Barfuß ein Fürstenheer geschlagen: die Sieger von Hemmingstedt

seine Waffenerfahrung eher in privaten Fehden sammelte. Jeder männliche Einwohner wurde mit dem 14. Lebensjahr wehrpflichtig, hielt sich seine Waffen selber und mußte sie einmal im Jahr bei einer Heerschau vorführen. Wer so alt geworden war, daß er nicht ohne Krückstock in die Kirche gehen konnte, wurde vom Wehrdienst befreit. Da es sich also eher um verbissen kämpfende Einzelgänger als um gedrillte Einheiten handelte, ist der Sieg im Kampf gegen ein doppelt so großes Ritter- und Söldnerheer umso bemerkenswerter.

Lammers schildert den Dithmarscher Angriff auf die Schwarze Garde: „Auf dem sturmgepeitschten Hügel in der Marsch entstand eine Szene von merkwürdiger Realistik und Monumentalität. Die Bauern legten Helme, Panzer und Stiefel ab. Ein Kruzifix wurde herbeigetragen, und unter den Männern erschien eine Frau mit dem Feldzeichen. . . Mit dem Ruf ‚Help Maria milde' stürzten sich die halbnackten Bauern wie Rasende auf die Phalanx der Söldner."

Man bedenke: es war ein winterlich kalter Februartag mit Sturm, Regen und Schlackerschnee. Was da barfuß, mit flatternden Haaren und in wilder Entschlossenheit auf das Fürstenheer losstürmte, muß den in Erz vermummten Rittern und Söldnern wie eine dämonische Ausgeburt der Hölle erschienen sein – vergleichbar den Illustrationen von zeitgenössischen Malern wie Albrecht Dürer und Hieronymus Bosch.

In seinem Schlußkapitel stellt Lammers für die Dithmarscher „das gleichzeitige Auftreten zweier überraschender Charakteristika" fest: „Zunächst wirkt außerordentlich stark, ja erschreckend für den unvorbereiteten Betrachter die Massierung hochaltertümlicher Züge, ausgedrückt in Furor und Ekstatik der Kampfführung, der Entblößung beim Angriff, der Mitwirkung einer Frau, der Vernichtung aller Gefangenen, der Verstümmelung der Toten, der Verweigerung des Grabes für die Gefallenen, der Sachlichkeit bei der Beurteilung des tapfer untergegangenen Gegners und seiner legendären Ausformung zu einer Gestalt mit den tragischen Zügen der Heldensage. Einzelne dieser Erscheinungen können sicher und mit Recht als Ausdruck und als Folge der besonderen Lage und Spannung dieses einen Krieges gedeutet werden, in der Häu-

„Seggt dem Koninge gude Nacht, he hefft unß braden Höner gebracht ...“

fung jedoch ergibt sich ein Bild, das mit den Beobachtungen durchaus in Einklang steht, die auch auf anderen Gebieten Dithmarscher Lebens getroffen wurden: Diese Bauernrepublik bewahrte bis an die Schwelle der Neuzeit in sich Institutionen und Kräfte, die als uralt, als germanisch altertümlich bezeichnet werden müssen."

Lammers zieht für diese Feststellungen Vergleiche mit den schweizerischen Freiheitskämpfen im 15. Jahrhundert, in denen die Eidgenossen „wie tolle Hunde" losgingen, auch mit der Schlacht im Teutoburger Wald im Jahre 9, wo die Germanen die Leichen der römischen Legionäre liegen ließen, und mit uralten Kultformen, die sich in solcher Art Kampf offenbaren. Dann fährt er fort:

„Neben dieser einen Grundveranlagung des Geschehens tritt ebenso überraschend der beherrschende Zug der Rationalität hervor, deutlich sichtbar in der bewußten Anlage des bäuerlichen Planes, den kraftvollen Takten und dem geschlossenen Aufbau der Schlacht, die wie aus einem Guß wirkt, eine Rationalität, wie sie sich auch in dem uniformen, großzügigen Landschaftsgebilde der dem Meere abgerungenen Marsch wiederfindet, und die als ein gemeinsames Element das Geschehen und das Gelände des Kampfes zu einem monumentalen Gesamteindruck verbindet und steigert. In der gegenseitigen Vereinbarkeit und dem verbundenen Auftreten dieser beiden Grundzüge des Geschehens – der Urtümlichkeit und der Bewußtheit – dürfte das Eigenartige der Dithmarscher Leistung und ein wesentlicher Zugang für das Verständnis des Erfolges liegen."

Ganz deutlich wird das Unerhörte dieser siegreichen Schlacht, wenn man die von Lammers publizierte Landkarte der politischen Gruppierung rund um Dithmarschen im Jahr 1500 betrachtet. Da sind im Norden die Feindmächte eingetragen: die Königreiche Norwegen, Schweden und Dänemark sowie das Herzogtum Holstein. Im Süden erstrecken sich von Ostfriesland bis Pommern die norddeutschen Gebiete, aus denen sich Adlige am Kampf gegen die Dithmarscher beteiligten. Und als kleine neutrale Fleckchen erscheinen die Hansestädte Lübeck und Hamburg sowie das Erzbistum Bremen. Eine Konstellation also, die eher den vollständigen Untergang Dithmarschens als seinen Sieg vorhersagen mußte.

Es wird erklärlich, weshalb Hinricus Boger in Rostock zu Beginn seiner Lieddichtung nach der Schlacht von Hemmingstedt gesteht, daß ihm das Gemüt versagt, der Mund verstummt und die Finger zittern, weil er so erschrocken ist, das Geschehene aufzuschreiben.

Wenn es überhaupt ein Ereignis gibt, an dem das Image der Dithmarscher festgemacht werden könnte, dann war es die Schlacht von Hemmingstedt. Unmittelbar nach der Niederlage des Fürstenheeres und noch Jahre später brachten Liedermacher in Dithmarschen und mit ihm sympathisierenden Städten, aber auch im feindlichen Lager der Dänen den nirgends für möglich gehaltenen Sieg der Bauern in Reime. Als Lieder, Singtänze und gedruckte Flugblätter, von denen uns 14 ganz und zwei in Bruchstücken erhalten sind, machten sie in Windeseile die Runde im niederdeutschen Sprachraum. Die meisten von ihnen sind in Dithmarschen entstanden und so, wie Lammers schreibt, „ein Selbstzeugnis des dithmarsischen Geistes".

Der Stolz der Dithmarscher auf ihren Erfolg und ihr Talent zur Ironie gegenüber dem geschlagenen Adel, der ihre Repräsentanten so oft verspottet hatte, kommen darin unverblümt zum Ausdruck. Über die Fürsten heißt es da: „So ick hebbe vornahmen: / Se hebben geswaren einen duren Eidt, / In Dytmarschen nummer tho kamen." Über sich selber singen sie: „Leven de Ditmerschen noch söven Jahr, / Se werden der Holsten Heren."

Oder zum Schluß eines anderen Liedes: „De Ditmerschen hebben ehn (den König) aldoott geschlagen . . . / Se dragen sinen Helm, / Se vören sinen Schilt, / dartho sine stolte Banneren. / De sick jegen Ditmerschen setten will, / de stelle sick woll thor Wehre, / Ditmerschen dat schölen Buren sin, / It mögen woll wesen Heren."

Auch daß der Sieg gewaltig gefeiert wurde (und zwar noch auf dem Schlachtfeld, wo auf den fürstlichen Verpflegungswagen bratfertig zubereitete Hühner gefunden wurden), belegt der abschließende Spottvers eines Tanzliedes: „Seggt dem Koninge gude Nacht, / He hefft unß braden Höner gebracht, / Tastet tho, gi leven Gesten, / Ditt gifft uns Koning Hanß thom besten. / Gistern weren se alle rike, / Nu steken se hir in dem Schlike (ein großer Teil der gepanzerten Reiter war in den von den Dithmarschern gefluteten Marschgräben ertrunken), / Gistern dor vöreden se einen hogen Moott, / Nu hacken ehn de Raven de Ogen uth."

Diese Art von Publicity dürfte in den Ohren der Anhänger fürstenstaatlicher Obrigkeit grausig geklungen, beim Bürgertum der freien Städte dagegen Schadenfreude ausgelöst haben. In jedem Fall blieb sie unvergessen.

Man kann sich vorstellen, daß selbst der gemeinste Mann im Land zwischen Elbe und Eider mit stolzgeschwellter Brust einherging. Für die Dithmarscher sind die Berichte über den Sieg bei Hemmingstedt bis heute das Hohelied ihrer Geschichtsschreibung geblieben, auch wenn Außenstehende sich manchmal darüber geärgert haben.

So schrieb Friedrich Wilhelm von Koch, Premierleutnant aus Thüringen, im Jahr 1756 nach einem Besuch in Dithmarschen: „Es gefiel mir dort alles wohl, nur die baurstoltzen Einwohner nicht. Sie sind weder mitleudig noch barmhertzig gegen frembde Nothleudende . . ., sammeln . . . ihre Scheunen voll . . . sind trotzig auf ihre alten Ahnen und verlohrene Macht, also sind sie für rechtschaffende Gemüther nur unerträgliche Creaturen."

Nun ja, mit dem Stolz der Dithmarscher muß man umgehen können (auch heute noch), und der Herr Premierleutnant aus Thüringen hat da vielleicht etwas falsch gemacht.

Auch der Moderator einer plattdeutschen Fernseh-Livesendung aus dem Landwirtschaftsmuseum in Meldorf begab sich 1986 aufs Glatteis, als er Dithmarschens letzten Oberdeichgrafen, Otto Jürgens, interviewte. „Herr Deichgraf, Se sitten dor so richti stolt, un dat söllt Se ok ween . . ." so begann er seine Begrüßung.

Jürgens, bis zu dieser salbungsvollen Annäherung ganz

gemütlich, rückte verärgert ein Stückchen weg: „Fang hier keen Striet mit mi an!"

Der Moderator umschiffte die Klippe, aber er dürfte bemerkt haben, daß man auch in einer Livesendung einen stolzen Dithmarscher nicht so einfach um den Finger wickeln kann.

Das I-Tüpfelchen auf diese Sendung über Dithmarschen setzte jedoch Professor Reimer Bull, gebürtiger Marner, schon in der Generalprobe. Er sollte über den Dithmarscher Dichter Klaus Groth berichten, während Bilder aus dem Klaus-Groth-Museum gezeigt wurden. Gleichzeitig wollte der Regisseur jedoch von Bull auch noch hören, was ein echter Dithmarscher sei.

Es erwies sich als schwierig, diese beiden Themen synchron zu den bereits gedrehten Filmaufnahmen zu behandeln. Immer wieder unterbrach der Regisseur den Professor, bis es dem Dithmarscher Akademiker reichte. „Wenn jüm weten wullt, wat'n Dithmarscher is, denn will ick jüm dat woll wiesen!" erhob er seinen weittragenden Bariton, und dann kommentierte er unbeirrt den Film nach seinem Geschmack.

Diese Demonstration Dithmarscher Art hatte durchschlagenden Erfolg: der Regisseur verstummte und ließ einen Dithmarscher machen, was er wollte.

So gab es also für die Zuschauer der Sendung keine Belehrung darüber, was ein Dithmarscher ist, aber dem Fernsehteam blieb sie nicht erspart.

Die Gabe der Beredsamkeit

Wer wissen will, was ein Dithmarscher sein kann, der sich alle Knüppel aus dem Weg geräumt hat, der sollte nachlesen, was in der Zeit der höchsten Blüte der freien Bauernrepublik über ihre Repräsentanten zu Protokoll gegeben worden ist.

Nach dem Sieg von Hemmingstedt im Jahre 1500 machten Dithmarschens Herren und Regenten, wo immer sie auftraten, von sich reden. Politische, rechtliche und wirtschaftliche Händel führten sie auf ungezählten „Tagfahrten", die wir heute Geschäftsreisen nennen würden, in die Reichs- und Hansestädte. Sie ritten oder fuhren mit ihren Schiffen zu Prozeßverhandlungen vor dem Reichskammergericht, sie stritten und rauften sich zusammen mit Verhandlungspartnern in Augsburg, Speyer, Worms und Brüssel, in Lübeck, Hamburg und den baltischen Ostseehäfen.

Die Delegationen aus Dithmarschen waren selten bequeme Freunde und schon gar nicht bequeme Widersacher. Sie wollten zum Beispiel die Unterstützung, die die Hanse ihnen aus politischen Gründen angedeihen ließ, dazu nutzen, im Baltikum mit ihren Handelsschiffen die Privilegien der Hanse zu genießen, obwohl sie selber kein Mitglied der Hanse waren. Und es machte ihnen gar nichts aus, in den Argumenten dafür so nebenbei einzuflechten, daß sie eigentlich „na der Anse nichts frageden".

Riga war darüber so erbost, daß es ihnen bescheinigte, die Dithmarscher im Lande führten sonderbare Reden und benähmen sich recht ungebührlich.

Auch Herzog Adolf von Schleswig-Holstein-Gottorf riß 1557 bei Schlichtungsverhandlungen auf dem Kuckwall an der Dithmarscher Grenze zu Holstein der Geduldsfaden, weil die Dithmarscher an seinen Räten „Unbescheidenheit, Schimpf und Verkleinerung" geübt hatten. Er brach die Verhandlungen für mindestens ein Jahr ab.

Aber nicht nur im Ton, auch in Äußerlichkeiten zeigte sich das Selbstbewußtsein der Sieger von Hemmingstedt. Zum Reichskammergericht, das eine Klage des Hamburger Domkapitels gegen die 48 Regenten Dithmarschens zu verhandeln hatte, reiste der Landessekretär Günther Werner mit einem Diener und zwei Pferden nach Eßlingen, wo er zwei weitere Prozeßhelfer engagierte. Dafür forderte er nach der Verhandlung beim Hamburger Domkapitel 78 Gulden an Spesen ein.

Das brachte den dompäpstlichen Anwalt in Wut. Werner, so gab er zu den Akten, habe durch übermäßige Pracht von sich reden machen wollen. Er sei nicht so edel, daß er vom Mistwagen auf ein großes reisiges Roß hätte gesetzt werden müssen. Seiner Ehre und seinem Stand nach hätte er die Mistgabel, die er täglich brauche, hinlegen und zu Fuß gehen sollen – wie andere einfache Boten.

Auch sein Honorar sollte ihm nicht gezahlt werden, weil er doch ein Bauer sei, der Mist fahre und andere Bauernarbeit mache, aber weder zu raten noch zu reden gelernt habe.

Nun kann es mit diesem „Mistbauern" nicht ganz so schlimm gewesen sein, wie es der Hohn der gelehrten Kleriker glauben machen wollte. Werner war nämlich gar kein Bauer, sondern ein Kirchenmann. Außerdem war er kein gebürtiger Dithmarscher, sondern ein Zugereister. Er hat 30 Jahre lang eine – wenn auch nicht immer glückliche – Rolle in der Dithmarscher Bündnispolitik gespielt und war immerhin Wortführer der Bauern in Lübeck und anderen Orten.

Aber solche Ausfälle werfen ein bezeichnendes Licht auf die Vorurteile und den Dünkel, denen die bäuerlichen Delegationen immer wieder begegneten. Sogar die Versammlung der 48 Dithmarscher Regenten wurde insgeheim bespöttelt. Fürstliche Unterhändler (in diesem besonderen Fall sogar benachbarte Eiderstedter) bezeichneten Dithmarschens Führungsgremium als einen Rat von „menningen ock seltzamen koppen".

Sehr wahrscheinlich haben sich die Dithmarscher jedesmal aufs neue mit gesträubten Nackenhaaren auf den Weg zu ihren arroganten Verhandlungspartnern gemacht. Wen wundert es, daß sie nun erst recht auf ihren Reichtum pochten und „unnötigerweise mit soviel Pferden wie Fürsten gen Lübeck zogen"?

Auf einem brisanten Verhandlungstag machte sich der Regent Johann Holm schließlich den fürstlichen Unterhändlern gegenüber Luft. „Man gebietet über uns", rief er zornig, „als ob wir ihre Hintersassen und Kätner wären!"

Auf vielen Tagfahrten seien die Dithmarscher schlecht behandelt worden, nicht nur in Worten, sondern auch mit Taten. So seien auf dem letzten Treffen in Rendsburg Mitglieder der Dithmarscher Delegation an den Bärten gerissen worden.

Es war der Junker Jasper von Bockwold, der sich diese Frechheit dem Regenten Wiben Peters Carsten gegenüber herausgenommen hatte. Neocorus schreibt dazu, daß daraus wahrscheinlich ein großes Unglück entstanden wäre, wenn sich nicht Carsten auf ungeduldiges Drängen der königlichen und herzoglichen Gegenseite bereitgefunden hätte, 200 Mark lübsch als Entschuldigung für diese Verletzung seiner Ehre anzunehmen.

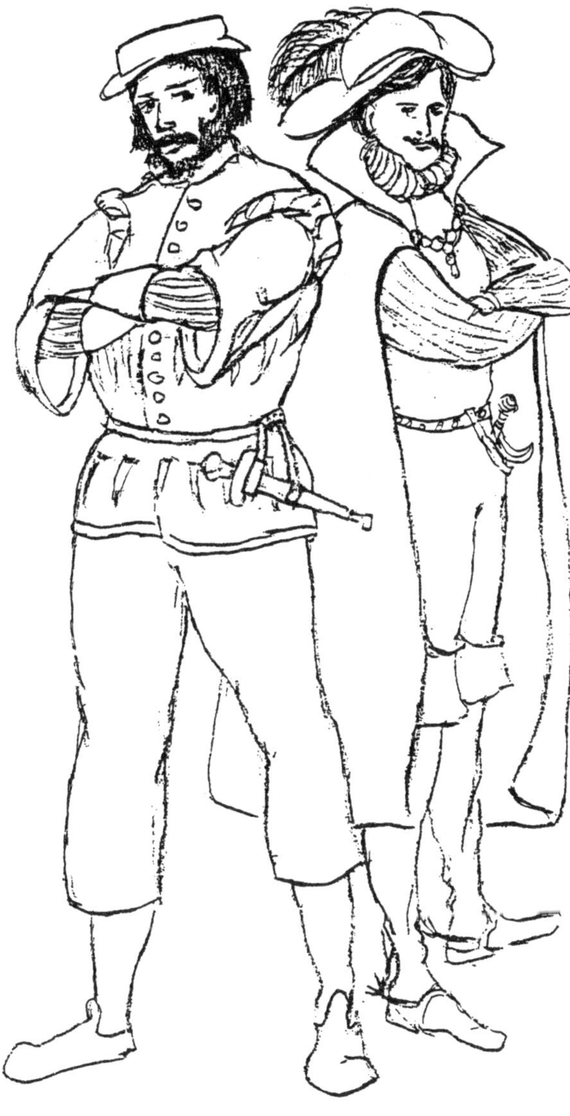

Bauer und Ritter – jahrhundertelang erbitterte Widersacher.

200 Mark – ein hübsches Stück Geld. Genau so viel hätte zu damaliger Zeit ein gesippter Dithmarscher als Strafe zahlen müssen, wenn er im Streit zwei Landsleute erschlagen hätte.

Aber wer da glaubt, die Bauern seien in den Verhandlungen von ihren Gegenspielern regelmäßig ausgelümmelt worden, macht sich ein falsches Bild. Im Gegenteil, sie hatten Persönlichkeiten unter ihren Regenten, die für ihre Schlagfertigkeit und pointierte Redeweise berühmt waren. Vielleicht hat manch ein adliger Widersacher oder städtischer Verhandlungspartner insgeheim schon mit Vorfreude auf die Auftritte der Dithmarscher gewartet.

Neocorus zitiert einen Text von Erasmus Faber, in dem es heißt: „De Dithmerschen sindt gar witt bekennt, / Se sindt up alle Ding behendt, / Van Natur geschwind im Rechtegang, / Dat hengt ehn an ehr Leven lang."

Aus eigener Erfahrung fügt er hinzu: „Sie haben fast alle herrliche Gaben der Beredsamkeit, so daß sie ihre Worte prächtig zu Markt bringen können – mit Bescheidenheit und gebührlichem Benehmen, doch je nach Art und Erfordernis der Sache, und zwar sowohl die Frauensleute als auch die Mannspersonen. Die Männer sind schnell bei Gerichtsverhandlungen, wissen dabei viele Tricks und Praktiken anzuwenden, so daß sie auch wohl erfahrenen Juristen und hochgelehrten Doktoren mit Beredsamkeit und Geschwindigkeit zu schaffen machen".

Die Ursache für diese rhetorischen Fähigkeiten sieht Neocorus darin, daß in der freien Bauernrepublik jeder Mann auf den allwöchentlichen Gerichtstagen vor allem Volk seine Sache vortragen mußte und daß sich deshalb ein jeder „darauf gespitzt" habe, bei dieser Gelegenheit den Beifall der vielen Zuhörer zu erringen und nicht ausgelacht zu werden. Diese „Schule der Nation" scheint noch immer wirksam zu sein, denn bis heute sind die Dithmarscher nicht auf den Mund gefallen, wenn es um ihre Belange geht.

Der Name des redegewaltigen Johann Holm aus Neuenkirchen ist schon gefallen, als es um den gerupften Bart und die Wiederherstellung der Dithmarscher Ehre ging. Heinz Stoob zählt Holm zu den „Heißspornen und Raufbolden". Er war es, der 1524 den lutherischen Prediger Heinrich von Zütphen mit dem Fausthammer erschlug, weil der nasse Scheiterhaufen nicht brennen wollte.

Aber es gab noch andere unter den Regenten, deren hitziges Temperament seinen Niederschlag in zeitgenössischen Protokollen fand. Peter Nanne aus dem Kirchspiel Lunden zum Beispiel, der sich bei einem Prozeß gegen den Landesverräter Fering mit eisiger Polemik dagegen verwahrte, daß die fürstlichen Gesandten ihren eigenen Scharfrichter mitbrachten, als ob die Rechtsprechung in Dithmarschen anzuzweifeln sei.

Oder Peter Swyn aus Lunden, der schon als 18jähriger zum Regenten berufen wurde, als 19jähriger in der Schlacht von Hemmingstedt reiche Beute machte, eine entehrte Jungfrau und ihr Kind verbrennen ließ, in wilde Geschlechterfehden verstrickt war, Ablaßbriefe kaufte, nach Santiago de Compostela pilgerte und außerdem ein souveräner Politiker und schlagfertiger Verhandlungskünstler war, bis er mit 57 Jahren hinterhältig ermordet wurde.

Kein anderer hat das Selbstverständnis der führenden Dithmarscher Bauern des 16. Jahrhunderts so gut ausgedrückt wie Peter Swyn. Er trug – nicht aus mangelndem Stilgefühl, sondern in eindeutiger Absicht – zur grobgewebten, hausgemachten Wollhose ein elegantes Samtwams, das er auf dem Schlachtfeld von Hemmingstedt einem getöteten Ritter ausgezogen hatte. Als er von einem Holsteiner Junker verspottet wurde, entgegnete er gelassen, das Samtwams trage er, weil er ein Landesherr, die Wollhose hingegen, weil er ein Bauer sei.

Peter Swyn in Hamburg: „Kumm unnd hale dar watt!“

Und Hans Detleffs aus Delve setzte hinzu: „Lacht doch nicht! Da, wo das Wams hergekommen ist, hätten wir auch gut die Hose kriegen können, wenn uns Ehre und Erziehung nicht daran gehindert hätten!"

Als die Dithmarscher sich weigerten, weiterhin Abgaben an das Hamburger Domkapitel zu zahlen, stellte ein Domherr Peter Swyn und Hans Detleffs in Hamburg deswegen zur Rede. Detleffs versuchte, den Geistlichen zu beschwichtigen, doch Swyn tippte nur mit dem Daumen an seine Zähne, schnippte dann mit den Fingern und sagte: „Kumm unnd hale dar watt!"

Wenn man sich die Szene vorstellt, wird deutlich, wie umwerfend dieser selbstsichere Mann auf Freund und Feind gewirkt haben muß. Schon daß seine Gesten bis ins Detail schriftlich festgehalten wurden, spricht für die Ausstrahlung Peter Swyns und die Faszination, die er auf andere ausgeübt hat. Er soll, so Neocorus, die Angelegenheiten der Dithmarscher im Rat der Fürsten so glänzend vorgetragen haben, daß ihm niemand aus dem Stegreif darauf habe antworten können.

Der Historiker Heinz Stoob drückt in seinem Buch über Dithmarschens Regentenzeitalter unverhohlene Bewunderung für die führenden Kräfte des Bauernlandes aus, die „einen prächtigen Eindruck machen: selbstbewußt, vom Gefühl für das eigene Recht durchdrungen, mit sicherer Würde auftretend, dabei schlagfertig und sprachgewandt verhandelnd und stets trotz aller bitter empfundenen Kränkung maßvoll den Weg der Verständigung suchend. . . In den entscheidenden Beschlüssen der Regentenzeit hat sich immer wieder die besonnene Mehrheit durchgesetzt. Die Polleke, Swyn und Russe prägten das Bild dithmarsischer Selbstregierung, nicht die Außenseiter – so typisch diese auch das Bild der bäuerlichen Gesellschaft ergänzen."

Vergessen dürfen wir jedoch nicht, daß es im Dithmarschen

des 16. Jahrhunderts außer den Regentenfamilien, die ihre Söhne zum Studium an die Universitäten von Rostock, Leipzig, Köln, Greifswald und Wittenberg schickten, auch schon die große Menge namenloser Leute gab – Kätner, Knechte, Tagelöhner, Handwerker – von denen uns nicht bekannt ist, wie sie über Peter Swyn und seinesgleichen dachten.

Viele Zugereiste suchten schon damals Lohn und Brot im reichen Land an der Westküste. Sie waren und blieben wirtschaftlich abhängig von den Bauern und hatten am Aufstieg der Führungsschicht keinen Anteil. Wer weiß, wie weit sie sich mit ihren Regenten, die sicher nicht zimperlich mit den kleinen Leuten umgingen, identifizieren konnten?

Doch es läßt sich nicht ganz von der Hand weisen, daß das Image von damals bis heute wirkt. Über Jahrhunderte hinweg ist, was von außen kam und sich überlegen gebärdete, für Dithmarscher verdächtig und gefährlich gewesen. Ihre noch jetzt zu beobachtende Zurückhaltung Fremden gegenüber, die nicht klar ausdrücken, was sie wollen, hat durchaus historische Hintergründe. Wer sich „ausgewiesen" hat, wird mit großer Gastfreundschaft aufgenommen. Doch wer sich aus undurchsichtigen Motiven anbiedern will, wird gar nicht erst um Bescheid gebeten. Man hat nicht viele Chancen bei einem Dithmarscher, der „nichts von einem wissen will".

Bundesernährungsminister Ignaz Kiechle muß in diesem Sinne vorgewarnt gewesen sein, als er 1986 im Bundestagswahlkampf zu etwa 1000 Dithmarscher Bauern sprach. Vor seiner Rede zog er die Jacke aus und hängte sie über einen Stuhl, als erwarte er einen heißen Gang. Seine Zuhörer verstanden diese Geste recht gut – sie fingen an zu lachen.

„Ich habe kürzlich einen Bekannten gefragt: Was sind denn das für Leute, die Dithmarscher?" begann Kiechle diplomatisch. „Der hat mir so einiges prophezeit. Sie seien ein eigenartiger Menschenschlag – verträglich, aber auch sehr kritisch.

Solche Leute mag ich. Er hat mir aber auch gesagt, daß sie nicht mögen, wenn sie angelogen werden."

Trotz dieser bemerkenswerten Vorgabe des Bundesministers wurde es dann doch ein heißer Gang. Kiechle hatte recht getan, die Jacke auszuziehen. Die Dithmarscher Beredsamkeit hallte mit dem Westwind kilometerweit ins Land, denn für alle, die im überfüllten Saal keinen Platz mehr gefunden hatten, waren draußen vor der Tür Lautsprecher installiert worden.

Wenn Herzog Adolf von Schleswig-Holstein-Gottorf noch hätte zuhören können, würde er „seine" Dithmarscher auch nach 400 Jahren unschwer wiedererkannt haben.

„Uneinicheit der Dithmerschen under sick sulvest“

CONCORDIA DOMI FORIS PAX (Eintracht im Hause, Friede draußen) – in großen Lettern grüßt dieser Spruch am Holstentor seit 1447 die Besucher Lübecks. Die alte Königin der Hanse ist unter diesem Wahlspruch groß geworden.

Hätten die Dithmarscher sich diese Maxime zum Haussegen gewählt, er hätte wohl immer schief gehangen. Friede draußen? Das war schon nicht möglich, weil immer irgendjemand da war, der ihnen die Butter vom Brot nehmen wollte. Und Eintracht drinnen? Wir werden gleich sehen, daß das fast noch hoffnungsloser war.

Wenn man sich mit Dithmarschens Vergangenheit beschäftigt, hat man den Eindruck, daß die wilden Söhne der Küste nicht etwa wegen ihrer Einmütigkeit den Bauernstaat großgemacht haben, sondern daß ihnen dieses Kunststück erstaunlicherweise trotz ständiger erbitterter Kleinkriege innerhalb ihrer Kirchspiele und Geschlechterbünde gelungen ist.

Geschlechterfehden wurden erbarmungslos ausgetragen und konnten sich über Jahrzehnte hinziehen. Mit alttestamentarischer Gründlichkeit wurde untereinander abgerechnet. Die Geschlechter waren organisiert wie Genossenschaften, schützten ihre (zahlenden) Mitglieder in Rechtsfragen und persönlicher Notlage, verlangten aber auch „Nibelungentreue". Ein Meineidiger, der ihnen angehörte, konnte trotz eindeutiger Beweise, die gegen ihn sprachen, von „seinen" Leuten durch Eideshilfe freigeschworen werden. Totschlag war unter solchen Umständen also kein großes Risiko.

Im benachbarten Holstein war die Blutrache schon gegen Ende des 14. Jahrhunderts abgeschafft worden. In Dithmarschen wurde sie bis in die Mitte des 16. Jahrhunderts geübt, und es gehört zu den Tragödien des Landes, daß auch sein berühmtester Regent, Peter Swyn, noch Opfer dieser urtümlichen Gesetze wurde, obwohl oder gerade weil er maßgeblich daran mitgewirkt hatte, das Fehderecht abzuschaffen.

Im übrigen hat auch der große Peter Swyn seine Vorrangstellung im eigenen Land durch Kämpfe festigen müssen. Zweimal zogen mehrere Kirchspiele der Marsch gegen ihn zu Felde, doch Swyn hatte die größere Gefolgschaft und die besseren Einfälle beim Einsatz seiner Geschütze.

„Uneinicheit der Dithmerschen under sick sulvest" heißt denn auch die Überschrift eines Kapitels, in dem Neocorus sich mit der Dithmarscher Neigung zum Bruderzwist beschäftigt. Ausführlich schildert er ein schwerwiegendes Beispiel aus dem Jahre 1434. Damals „richteden de Dithmerschen under sick sulvest ein Ungelucke an, den se trenneden sick in twe Partien, hadden twe Höveder, alse Krusen Jehan unnd Ralves Carsten . . . Se beschedigen einander mit bernen, roven unde worgen."

Der Landesteil aber, der bei diesen Übergriffen am meisten abbekommen hatte, fing einen richtigen Krieg an. Sein Anführer, Kruse Johann aus Wöhrden, eigentlich ein bescheidener, ruhiger Mann, wurde laut Neocorus verbittert und erwies sich „grausam als sein eigenes Gegenteil". Die Hamburger schickten ihm 500 Schützen zur Hilfe, die dem gegnerischen Landesteil so schrecklich zusetzten, daß dessen Anführer, Ralves Carsten aus Norddeich, aus dem Lande fliehen mußte.

Dieser Bruderkrieg schuf in Dithmarschen neue Verhältnisse. Das wirtschaftliche und politische Zentrum verlagerte sich in den Norden. Der Rat der 48 Richter, aus dem sich später die Regentenversammlung entwickeln sollte, konstituierte sich, und das erste Dithmarscher Landrecht wurde geschrieben.

Verlierer waren das alte Meldorf, das seine Rolle als Hauptstadt der Dithmarscher an Heide abgeben mußte, und Ralves Carsten aus Norddeich, der Anführer der unterlegenen Partei. Schon vor dem Krieg hatte der tollkühne Mann das Strandrecht so großzügig ausgelegt, daß die Hamburger Kauffahrer ihn einen Seeräuber nannten. Während des Krieges war er mit seinen Kanonen an Bord im Hamburger Hafen aufgetaucht und hatte dort etliche Hanseschiffe in Brand geschossen.

Aber irgendwann stößt auch Dithmarscher Dreistigkeit an ihre Grenzen – und das am ehesten in Dithmarschen selbst. Als Carsten nach seiner Flucht aus Dithmarschen räuberische Einfälle ins Land unternahm, muß er eines Tages einem Landsmann ins Messer gelaufen sein. Er wurde erstochen auf dem Wesselburener Friedhof gefunden.

Carsten war nicht der einzige Dithmarscher, der außer Landes ging und zum Angreifer wurde. Manch ein angesehener Mann, der glaubte, vor dem Gericht des Landes Unrecht erlitten zu haben, erklärte sich ausdrücklich zum „Landesfeind" oder wurde vom Rat der 48er dazu erklärt, nachdem er Dithmarschen überfallen hatte.

Namen wie Wieben Peter aus Lehe, Hans Fehring aus Lunden und Michel Kros haben traurige Berühmtheit erlangt. Fehring brannte unter anderem die Häuser an der Westseite des Heider Marktes nieder, Kros ging auf Raub in Dithmarschen aus, Wieben Peter legte das Dorf Schafstedt in Asche, stahl

Wieben Peter: „Scholde dat mi ock wol gelden?“

Pferde in Meldorf, überfiel Landsleute auf Wegen und Brücken und hielt sie außerhalb Dithmarschens in Gefangenschaft.

Mit diesen „Gesetzlosen“, die alles, was sie einst besaßen, zurückgelassen hatten, war nicht zu spaßen. Sie waren kühne Kämpfer und Beutemacher. Für den Bauernstaat war es besonders heikel, daß sie meist vom feindlichen Holstenland aus operierten und dort aus politischen Gründen wohlgelitten waren. Deshalb setzten die Dithmarscher alles daran, diese Abtrünnigen auszukundschaften und einzufangen. Pardon gab es nicht – sie wurden geköpft.

Die Untaten des Landesfeindes Wieben Peter, sein Untergang auf Helgoland und die Enthauptung des Toten in Heide waren für Dithmarschen so erregende Ereignisse, daß sie detailliert überliefert wurden.

Wieben Peter, ein wortgewandter und gutaussehender Mann (er hatte einen „langen breden gelen Bardt"), war schon eine Legende, bevor er 1545 erschossen wurde. Er hatte sich nach seinen Freveltaten in Dithmarschen schließlich auf Helgoland eingenistet, von wo aus er unter falschem Namen mit etwa 20 Gefolgsleuten und einer Jacht Seeräuberei betrieb. Ein holländischer Schiffer, den er beraubt hatte, verriet ihn in Büsum an die Dithmarscher.

Die kleine, schwer zugängliche Felseninsel Helgoland war endlich ein Ort, wo Wieben Peter mit Sicherheit gefaßt werden konnte. Dithmarscher Schiffseigner, die sowieso noch ein Hühnchen mit ihm zu rupfen hatten, bemannten einen Frachtsegler und eine Jacht mit 100 Leuten. Sie segelten am Sonntag vor Pfingsten frühmorgens vor dem aus Osten kommenden Landwind in wenigen Stunden ans Ziel. Mit ihnen fuhr ein Monatsvorrat an Verpflegung: Brot, Butter und Speckseiten, von denen sie bei dem Unternehmen etwa 50 vertilgten. Außerdem – wichtig für den täglichen Durst und die erwartete Siegesfeier – 24 Tonnen Bier.

Wieben Peter sah sie kommen – erst das Frachtschiff, dann auch die Jacht. Und hoch über der See auf dem kleinen Kirchhof der Felseninsel dämmerte es in seinem Dickschädel: „Scholde dat mi ock wol gelden? Den dat gemeine Sprikwort secht, kein Hundt lopt söven Jar dull."

Er hatte schlechte Karten in der Hand, denn 14 seiner Leute waren wegen Proviantmangels zum Festland gesegelt. Nur sein Bruder und zwei weitere Männer waren bei ihm geblieben. So hielt es Wieben Peter für das beste, sich den Helgoländern gegenüber zu erkennen zu geben. Dann schlug er zwei Knoten in seinen langen blonden Bart und machte sich kampfbereit.

Doch vorher gab es eine ergebnislose Verhandlung: Wieben Peter trotzig vom hochgelegenen Kirchhof herunter, die Dithmarscher siegesgewiß von unten herauf. Die „Abschiedsschlacht", die der Landesfeind mit nur drei Kampfgenossen anschließend seinen 100 Verfolgern lieferte, ist fast so ausführlich ins Buch der Dithmarscher Geschichte eingegangen wie die Schlacht von Hemmingstedt.

Wieben Peter eröffnete sie mit einem zeremoniellen Auftritt, der einer Wagner-Inszenierung alle Ehre gemacht hätte. Als erstes holte er eine Fahne, bestehend aus Speerschaft und Bettlaken, dann zog er sein Schwert und wirbelte beides nacheinander um seinen Kopf. Danach hob er eine hölzerne Kanne und trank seinen Widersachern feierlich zu. Das mag seine offizielle Kriegserklärung gewesen sein, eine Art von ritterlicher Geste, die an hochmittelalterliche Turniere erinnert.

Nachdem er dann den Kirchhof mit drei Holzbalken eingefriedigt hatte, brachte er dahinter zwei kleine eiserne Kanonen und eine bronzene Hakenbüchse in Stellung und schoß auf das unten stehende Volk, das sich allerdings nur zu bücken brauchte, um nicht getroffen zu werden.

Bis dahin scheint das ganze aus heutiger Sicht von unfreiwilliger Komik gewesen zu sein. Doch Wieben Peter hatte den Fehler gemacht, alle drei Geschütze auf einmal abzufeuern, so daß eine lange Ladepause entstand, die die Dithmarscher sofort zum Angriff auf den Kirchhof nutzten. In Dreierreihen stürmten sie den einzigen schmalen und steilen Aufgang hinauf, und zwar so schnell, daß laut Neocorus ein gewisser Clawes Flake sogar seine Pantoffeln stehen lassen mußte.

Wieben Peter und seine drei Mitstreiter mußten fliehen und verbarrikadierten sich in der Kirche. Doch dort hatten sie gegen die Übermacht keine Chance mehr. Die Gebrüder Wieben wurden erschossen, ein Landsknecht erschlagen, der andere gefangengenommen. Das Gemetzel fand auf dem Dachboden der Kirche statt. Ein Eimer Bier und einige Wecken, die dort gefunden wurden, ließen den Schluß zu, daß

Wieben Peter gehofft hatte, sich dort oben noch eine Weile verteidigen zu können.

Nun lag er auf der durchschossenen Kirchendecke in seinem Blut, und die Dithmarscher zögerten keinen Augenblick, unter ihm ein Faß aufzumachen. Die Helgoländer Frauen und die wenigen Männer, die gerade nicht beim Fischfang waren, durften an der Siegesfeier teilnehmen. Vier Tonnen Bier wurden leergemacht.

Es muß ein langes Fest gewesen sein. Der Wind war eingeschlafen. Es war sinnlos, Segel zu setzen. Als am Donnerstag immer noch Flaute herrschte, beschlossen die Dithmarscher notgedrungen, für die Rückfahrt Muskelkraft einzusetzen und nach Hause zu rudern. Die Toten und den Gefangenen nahmen sie mit. Aber daß sie den Rest ihrer Verpflegung auf Helgoland vergessen hatten, das fiel ihnen erst am Dieksand ein. Fünf junge Leute wurden mit einem Ewer zurückgeschickt, um die Lebensmittel zu holen.

Als sie ankamen, saßen der Vogt von Helgoland und seine Frau schon über den Dithmarscher Resten. Doch da die Erinnerung an das große gemeinsame Fest noch so frisch war, gab es keinen Ärger. Die Helgoländer durften sich einmal in ihrem Leben nach Herzenslust mit Dithmarscher Kost vollstopfen – nur die leeren Körbe und Fässer mußten sie zurückgeben.

Eingewickelt in ein morsches Segeltuch kehrte der Landesfeind Wieben Peter als toter Mann in seine Heimat zurück. Im Diekhusener Hafen wurde sein Leichnam auf einen Pferdewagen gelegt und zusammen mit den beiden anderen Toten nach Heide gebracht. Der Gefangene mußte laufen.

Es bedurfte keines Telefons am Pfingstsonnabend des Jahres 1545, um in wenigen Stunden halb Dithmarschen zu benachrichtigen, daß Wieben Peter auf dem Weg zur Richtstätte sei. Aus allen Richtungen kamen sie zusammen und standen dichtgedrängt nicht nur auf dem Heider Markt, son-

„. . . du hefft mi op de kolden Kole gesettet!“

dern auch an der Straße nach Westen bis in die Ortschaft Lohe. Aus dieser Richtung kam der Triumphzug heranmarschiert. Vorweg im Glied zu dreien mit Geschütz und Gewehren die 100 Männer, die Wieben gejagt und getötet hatten. Auf dem Markt ballerten sie voller Siegesfreude ihre Salven in die Luft.

Eine Frau aus Schafstedt, der Wieben Peter zwei Häuser und Scheunen niedergebrannt hatte, drängelte sich wütend zu dem Wagen durch, packte den schönen Bart des Toten und riß ihm ein Büschel Haare aus. „Bist du hier?“ schrie sie ihn an, „du hast mich auf den kalten Kohl gesetzt!“

Wieben Peter und seine Genossen wurden enthauptet, obwohl drei von ihnen doch schon nicht mehr am Leben waren. Ihre Köpfe wurden zur Abschreckung auf Pfähle gesetzt, wie – so Neocorus – es sich für Mordbrenner und Seeräuber gehörte.

Der Haß auf diesen Abtrünnigen war groß, und doch war er für die Dithmarscher einer der Ihren geblieben. Daß der verlorene Sohn wie nie vorher und nachher irgendein ehrenhafter Mann von kilometerlangen Einwohnerspalieren empfangen wurde, kam wahrscheinlich nicht nur aus Abscheu und Neugier zustande. Es dürfte auch eine Art von Respekt für diesen „tollwütigen Hund“ im Spiel gewesen sein. Zwar hatte er mit großer Brutalität um sich geschlagen, doch zum Ende war er ehrenvoll untergegangen, hatte sich als Gegner erwiesen, dessen man sich als Dithmarscher Landsmann nicht zu schämen brauchte.

Mannesmut bei Freund und Feind hat in Dithmarschen immer einen hohen Stellenwert gehabt. Er wurde über Jahrhunderte so nötig gebraucht wie das tägliche Brot. Und da wurde und wird dann auch mal darüber hinweggesehen, wofür er gerade eingesetzt wird.

Neocorus, der als landesgebürtiger Gottesmann seine Schäflein gut kannte, sah die ständige Zwietracht der Dithmarscher untereinander aus einem kritischen Blickwinkel: Wenn man entweder um Gunst und Gaben zu weit gehe und manchen in seinem Recht beschneide oder wenn eigensinnige Köpfe durch ihre Halsstarrigkeit sich mit Gleichheit und Recht nicht zufriedengeben wollten, dann mache soviel innerer Aufruhr wohl deutlich, daß alles dem Untergang zustrebe und „de Frieheit einen groten Vall nehmen worde".

Der lateinische „Haussegen", den Neocorus seinen zerstrittenen Landsleuten ins Stammbuch schrieb, beginnt wie der Lübecker mit dem Wort „Concordia", doch enthält er eine Rüge: Concordia parvae res crescunt, discordia magnae dilabuntur. Was soviel heißt wie „Kleine Dinge werden größer durch Eintracht, durch Zwietracht zerfallen die großen".

Als Neocorus das zitierte, hatten die Dithmarscher ihre Freiheit schon verloren.

Sieg der Vernunft in der Niederlage

Nach der entscheidenden Niederlage der Dithmarscher im Jahr 1559, die als die „Letzte Fehde" ins Buch der Dithmarscher Geschichte eingegangen ist, gab es viele, die sich mit Neocorus einig wußten. So der Chronist Reimer Kock aus der Hansestadt Lübeck, die dem freien Bauernstaat aus wirtschaftspolitischen Gründen immer wohlgesonnen gewesen war. Kock wies auf den jahrzehntelangen Bruderzwist hin, der 1537 zur Ermordung Peter Swyns geführt hatte, und war davon überzeugt, daß die Dithmarscher sich in diesem Jahr eingebrockt hätten, woran sie sich 1559 „den dodt an gefreten hebben". Die Bauern hätten sich eingebildet, daß niemand sie bezwingen könne, doch wenn das Haus von innen brenne, dann sei das sein größter Schade. Nach so vielen Jahren ohne Obrigkeit hätten sie alle Gottesfurcht von sich geworfen.

Der altgläubige Katholik Oldekop machte gar die Reformation und den Glaubenswechsel der Dithmarscher für ihre Niederlage verantwortlich: die Bauern hätten wohl ihre Feinde wahrgenommen; die Schutzpatronin ihres Landes, die Jungfrau Maria, jedoch vergessen.

Die Historiker von heute sind sich darüber einig, daß die Freiheit des Bauernstaates nicht durch innere Zwistigkeiten verlorenging. Vielmehr war es so, daß vor dem Hintergrund der erstarkenden Fürstenmacht im deutschen Reich, die den Einfluß des Kaisers als Oberhaupt und auch die Hanse schwächte, die Überlebenschancen kleiner bäuerlicher Bundesstaaten wie Dithmarschen immer mehr schrumpften.

Daß die Schlacht bei Hemmingstedt im Jahre 1500 die Bauern als Sieger sah, war angesichts der sich entwickelnden Machtverschiebungen schon fast ein Anachronismus und wurde gerade deshalb im ganzen Reich als Sensation empfunden.

1478 war Dithmarschen von Kaiser Friedrich III. dem dänischen König Christian I., der zugleich Herzog von Schleswig war, zum Lehen gegeben worden. Wieder einmal erwies sich das in der Praxis eher als eine Formalität, denn die Bauern wehrten sich erfolgreich gegen alle Versuche, ihr Land zu vereinnahmen. 1521 ging das Lehen Dithmarschen zusammen mit Holstein an den Dänenkönig Christian II., nach dessen Thronverzicht im Jahre 1546 schließlich an den Herzog Adolf von Gottorf, der sich mit Nachdruck darum bemüht hatte.

Und dieser junge Herr fackelte nicht lange. Ein zeitgenössisches, in Kupfer gestochenes Porträt zeigt ihn als schmalen, eleganten Mann, dessen Züge geprägt sind von Intelligenz, Ehrgeiz und wohl auch Arroganz. In ihm erwuchs den Dithmarschern im Handumdrehen ein sehr beweglicher Widersacher, der im „unendlichen Spiel" um die Herrschaft über den Bauernstaat die Karten neu mischte.

Es entstand ein Bündnis zwischen ihm, Herzog Johann von Hadersleben und König Friedrich II. von Dänemark. Ein Verhängnis braute sich zusammen, das wohl auch durch flehentliche Gebete an Maria, die Schutzheilige Dithmarschens, nicht hätte aufgehalten werden können.

Neocorus schrieb dazu etwa 40 Jahre später in weiser Resignation: „Bet anhero iß Dithmerschen erhöget; den jemehr it sich van ehrer Vorolderen bösen Gebruken unnd Affgoderie gewendet, je mehr iß it gebetert unnd sick sulvest meher unnd meher steds averlegen gewesen. Nun wert it fallen unnd sine eddele Frieheit vorlesen, wo den nicht Bestendiges under der Sunnen ..."

Es sah zunächst so aus, als wollten sich die Ereignisse von 1500 wiederholen. Die Konstellation war die gleiche, ebenso die Entschlossenheit der Dithmarscher, bis zum letzten Mann um die Freiheit zu kämpfen.

Doch die Gewichte hatten sich verschoben: außerhalb des kleinen Bauernstaates war die Kriegstechnik moderner geworden, und statt des legendären Wulf Isebrand, der bei Hemmingstedt souverän und unerschütterlich die Dithmarscher zum Sieg geführt hatte, war es 1559 ein Mann der Gegenseite, der den Verlauf der Schlacht bestimmen sollte. Johann Rantzau zu Breitenburg, Feldmarschall der fürstlichen Streitkräfte, vermied alle Fehler, die im Jahre 1500 den Adel auf Dithmarscher Boden dezimiert hatten (und mit denen die Dithmarscher Bauern insgeheim wieder gerechnet haben mochten). Außerdem brachte er eine neue Waffe mit: exerziermäßig gedrillte gepanzerte Reiterei, an der sich die bäuerlichen Fußtruppen ohne jede Chance die Köpfe einrannten.

Trotzdem kämpften sie fanatisch, auch als Meldorf schon von drei Seiten her eingenommen und alles, was dort einschließlich der Frauen und Kinder sich verteidigt hatte, niedergemetzelt war.

Auch die Schlacht um Heide tobte erbittert. „In Wahrheit", so steht es bei Neocorus, „konnte man hier mit Freuden sehen, wie *zwei* Landsknechte, wenn sie geschossen hatten, vor *einem* Bauern davonliefen. Und zwar ist ein langer Spieß unter den Kriegswaffen nicht die schlechteste und verachtenswerteste, besonders für denjenigen, der sie gut und mit Kennerschaft zu gebrauchen weiß."

Doch daß Kampfeswut allein nicht ausreicht, zeigte der

kopflose Ausfall von vier Fähnlein der Nordhammer Bauern aus dem umkämpften Ort Heide. Sie wurden vollständig aufgerieben. Die Chronisten überliefern jedoch, daß die Nordhammer sich vorher in Heide hatten vollaufen lassen – wie sonst wohl hätten sie den Versuch wagen können, die feindliche Übermacht allein zu schlagen?

Angst und Schrecken vor soviel Raserei gab es aber auch auf der Gegenseite. Herzog Adolf persönlich knöpfte sich einige seiner Fähnriche vor, die vor den Bauern davonlaufen wollten. Er hielt ihnen eine niederschmetternde Moralpredigt, packte sie am Leib, drehte sie herum in Richtung auf die kämpfenden Dithmarscher und schrie: „Da! Da ist der Feind!"

Er gab seinem Pferd die Sporen und rückte mit den Fähnrichen vor. Doch da er eine schlaflose Nacht hinter sich hatte (er hatte mit dem König gespielt), der Junitag sehr heiß war und die Müdigkeit ihn nachlässig gemacht hatte, war er ohne Rüstung und Harnisch losgeritten. Ungeschützt schoß er auf einen Dithmarscher, traf ihn auch, wurde aber von dem verwundeten Gegner mit einer Hellebarde in den Rücken gestochen. Hätte Adolf sich nicht schnell hinter sein Pferd geduckt, dann hätte der Bauer ihn tödlich getroffen. So ließ sich der Herzog in einer Kutsche vom Kampfplatz in ein Dorf fahren und dort verbinden.

Doch so erbittert die Dithmarscher auch kämpften, es gelang ihnen nicht mehr, die Schlacht zu wenden. Als Johann Rantzau dann auch noch den Ort Heide von mehreren Seiten in Brand setzen und damit auch große Pulvervorräte der Bauern hochgehen ließ, war das Ende für die Freiheitskämpfer abzusehen. Allein der Kampf um Heide hatte etwa 2000 Dithmarscher Menschenleben ausgelöscht. Für den gesamten Feldzug sind 3000 oder noch mehr gefallene Bauern errechnet worden.

Es ist gut, wenn Menschen in schier hoffnungsloser Situation imstande sind, sich aus der sauren Zitrone, die das Schicksal für sie bereithält, eine Limonade zu machen. Die Dithmarscher, in Jahrhunderten von Naturkatastrophen und anderen Nackenschlägen darin geschult, besannen sich auf diese Fähigkeit, als sie sahen, daß ihnen zum erstenmal in ihrer Geschichte alle Felle davonzuschwimmen drohten.

Nicht, daß es ihnen leichtgefallen wäre. Wie so oft waren sie erst einmal zerstritten, als die Lage erörtert wurde. Ein Teil der Führungskräfte plädierte für den Rückzug in die noch freie Nordermarsch und die Fortsetzung des Widerstandes. Die anderen sahen gerade in der noch nicht vom Feind besetzten reichen Marsch ein gutes Unterpfand für Verhandlungen. Wenn sie schon ihre Freiheit hergeben sollten, so wollten sie das wenigstens als gute Geschäftsleute tun, die sie doch immer gewesen waren.

Die „Linie der Vernunft" setzte sich durch. Und das auch auf der Gegenseite, denn die Fürsten wußten sehr gut, daß ein vollkommen vernichtetes Dithmarschen für lange Zeit keine gute Einnahmequelle abgeben würde.

Doch bevor sich die einander ergänzenden Ein- und Absichten begegnen konnten, waren etliche Angst- und Hemmschwellen abzubauen. Die Fürsten und Ritter hatten ihre dithmarsischen Gegner als so haßerfüllte Widersacher erlebt, daß sie deren Verhandlungsbereitschaft fast ungläubig aufnahmen.

Zwei oder drei Geistliche aus dem Lager der Bauern kamen „mit weißen Stöckchen und einer untertänigen Bittschrift". Schon in der Anrede dieser Schrift erkannten die Dithmarscher ihre bisherigen Erzfeinde, die Holsteiner, als ihre Herren an.

Als dann auch Bauernführer nach Zusicherung eines freien Geleits zu Verhandlungen erschienen, muß das für die Sieger so unglaublich gewesen sein, daß einer von ihnen überwältigt aus dem Zelt stürzte, mit erhobenen Händen herumsprang und schrie: „Gottes dusend, de Buer will sick geven!"

Doch auch auf der Seite der Dithmarscher herrschten noch Angst und Mißtrauen. Als sie nach dem Aushandeln der Kapitulationsbedingungen ihre Waffen abliefern und auf Knien mit entblößtem Haupt ihren neuen Herren huldigen sollten, da „mochte men sehen, wo die Dithmerschen zetterden unnd in groten Frochten stunden", schrieb Neocorus.

Man hatte die etwa 4000 Männer am 19. Juni 1559 in einem großen Kreis um die Fürsten niederknien lassen und sie mit einem Ring von bewaffneten Reitern eingeschlossen. In der Annahme, daß die Sieger kein Latein verstehen würden, jammerte ein Dithmarscher Prediger seine Befürchtungen in seiner Amtssprache laut heraus: Nun werde man ihr Gelöbnis nicht achten, sie wie das Vieh zur Schlachtbank führen und von den Pferden zertrampeln lassen.

Doch der königliche Statthalter Hinrich Rantzau war auch ein gebildeter Mann – er hatte ihn wohl verstanden. Und ebenfalls auf Lateinisch wies er ihn schroff zurecht: „Meinst du, daß wir sind wie ihr? Ihr wäret es zwar wert, daß man gegen euch wütete, aber wir halten uns für zu gut dafür. Die zugesagte Treue brechen wir nicht und wollen sie auch nicht brechen!"

Dieser Zwischenfall war schon erniedrigend genug, doch den letzten Dolchstoß ins stolze Dithmarscher Herz führte zynisch und treffsicher Herzog Adolf, der endlich Herr über dieses ungebärdige Bauernvolk geworden war. Nach dem Treueschwur entließ er seine neuen Untertanen mit den ehrenrührigen Worten: „Geht nun nach Haus und eßt etwas warmen Kohl!"

Rache schmeckt kalt genossen am besten – schließlich spürte der Herzog im Rücken noch die frische Wunde einer Dithmarscher Hellebarde. Ihretwegen hatte er darauf verzich-

Die Unterwerfung: „Unnd mochte men sehen, wo die Dithmerschen zetterden ...“

ten müssen, hoch zu Roß zur Huldigung zu erscheinen – es hätte so viel besser ausgesehen.

Es ehrt die Dithmarscher, daß sie – obwohl bis ins Mark gekränkt – sogleich begannen, im Interesse ihres Landes und ihres eigenen Wohlergehens die ursprünglichen Kapitulationsforderungen der Sieger herunterzuhandeln und zu modifizieren. Glücklicherweise stießen sie dabei auf realistisch denkende Verhandlungspartner, so daß ihre Eigentumsverhältnisse und Gerichtsbarkeit so gut wie unangetastet blieben. Auch konnten sie durchsetzen, daß ausschließlich landesgeborene Führungskräfte die Verwaltung des Landes für die neuen Herren übernehmen sollten. Natürlich waren Steuern und Abgaben zu zahlen, doch eine brutale Unterwerfung gab es nicht.

Allerdings erlitt Dithmarschen das Schicksal vieler besiegter Länder: es wurde geteilt. Ein König und zwei Herzöge wollten zufriedengestellt werden. Zuerst dreigeteilt, nach 1580 dann wegen des Todes von Herzog Johann zweigeteilt, haben Norder- und Süderdithmarschen hinfort verschiedenen Herren dienen müssen. Damit war, wie Heinz Stoob es ausdrückt, „der dithmarsische Bauernstaat endgültig tot. Die Enkel der letzten Regenten traten als gehorsame und treue Diener an die Stufen von Fürstenstuhl und Königsthron."

Das Unikat, die ganz und gar selbstgebastelte, spezifisch dithmarsische Geschichte, wurde Vergangenheit. Aus allem, was folgte – und es folgte noch mindestens ein Jahrhundert wirtschaftlicher Blüte in Dithmarschen – war für die Dithmarscher nicht mehr jene einzigartige Identität zu beziehen, die sie so lange stolz gemacht hatte.

Ab 1559 mußten sie lernen, gemeinsam mit den ungeliebten Nachbarn eine Geschichte, eine Identität zu haben. Ein schwieriger psychologischer Prozeß, mit dem sie lange beschäftigt gewesen sein dürften und der bis heute in ihrem Selbstverständnis seine Spuren hinterlassen hat. Bereitwillige Anpassung an unvertraute Strukturen war nie ihre Stärke gewesen, hatte nie ernsthaft geübt werden müssen. „Watt mutt, dat mutt" ist die störrische Formel, mit der Dithmarscher unabänderliche Zumutungen schlucken. Man hört das Zähneknirschen dabei.

Es hat bis zur Gebietsreform im Jahre 1970 gedauert, daß Dithmarschen wieder ein Landkreis wurde. Nach über 400jähriger Trennung gab es keine freudige Wiedervereinigungsstimmung, denn für die beiden Hauptstädte Meldorf und Heide war das Gerangel um den zukünftigen Sitz von Kreistag und Verwaltung schon vorprogrammiert.

Heide machte das Rennen, und es war eine bittere Pille für die Süderdithmarscher, daß sie den Verlust ihres Autokennzeichens MED hinnehmen mußten.

Das ist nun auch schon wieder lange her, und man könnte annehmen, daß über solche und andere Rivalitäten inzwischen ein wenig Gras gewachsen ist. Doch als das Fernsehen Anno 1991 einen wegen seiner Qualität umstrittenen Film aus Meldorf gesendet hatte, war das für die Meldorfer Initiatoren keine Frage von Belang. Hauptsache war „dreißig Minuten kostenlose Werbung. Meldorf war wieder die Hauptstadt von Dithmarschen . . . und überhaupt kein Wort von Heide!"

Gastfreundschaft und handfeste Frauen

Männer sind es gewesen, die Dithmarschen bekannt, zeitweilig berühmt und auch berüchtigt gemacht haben. Prachtexemplaren und bösen Buben unter ihnen begegnen wir auf jeder Seite ihrer Geschichtsschreibung. Was aber wissen wir von den Frauen, die mit ihnen lebten? Wie mögen sie beschaffen gewesen sein, die Gefährtinnen dieser formidablen Herren?

In den alten Quellen gibt es nur wenige, allgemein gehaltene Auskünfte über sie. Nur zweimal tauchen im Zusammenhang mit wichtigen historischen Ereignissen die Namen von Frauen auf: Telse von Wöhrden bei der Schlacht von Hemmingstedt und Wibe Junge bei der Hinrichtung Heinrichs von Zütphen.

Will man dem Presbyter Bremensis glauben, dann waren die Dithmarscherinnen vor 500 Jahren noch wie „grimmige Wölfinnen", also ein weibliches Spiegelbild ihrer mit dem Fausthammer kämpfenden, schrecklichen Männer. Doch hundert Jahre später zeichnet Neocorus das Dithmarscher Hochzeitsritual auf und vermittelt eher einen gegenteiligen Eindruck: Die Braut wird tief verschleiert ins Haus des Mannes geführt, sie bedeckt Tuch und Kagel mit seinem(!) Hut und will sich „hinfort nach den Verhältnissen ihres Ehemannes halten, schicken und kleiden, in Liebe und Leid, im Guten und Bösen, in Freude und Traurigkeit mit ihm zufrieden sein, sich unter seine Gewalt, sein Gebet, seine Herrschaft, seinen Schutz und seine Versorgung begeben, nicht nach ihrem eigenen Gefallen und Willen leben."

Ein Dasein im Schatten also? Frauen, die im häuslichen Wirkungskreis aufgehen und sich definieren lassen durch die Stellung und Persönlichkeit ihres Mannes?

Bestärkt wird dieser letzte Eindruck durch die Tatsache, daß in Dithmarschen das agnatische Erbrecht galt. Das heißt, daß weibliche Familienmitglieder keine Liegenschaften erben konnten. Diese Benachteiligung der Töchter und Ehefrauen gegenüber den Söhnen und anderen männlichen Verwandten (der sogenannten „Schwertseite") wurde damit begründet, daß es die Männer seien, die das Land „mit der Faust verteidigen" müßten. Erst nach dem Verlust der Freiheit wurde in Dithmarschen durch ein fürstliches Landrecht dafür gesorgt, daß die Frauen an Erbe und Eigen beteiligt wurden, wie es außerhalb Dithmarschens üblich war.

Doch schon vorher muß es Frauen im Bauernstaat möglich gewesen sein, trotz ihrer Rechtlosigkeit in wichtigen Dingen mitzuwirken. Ein Beispiel dafür ist Wibe Junge aus Meldorf, die 1524 vergeblich versuchte, die Tötung des protestantischen Missionars Heinrich von Zütphen in Heide zu verhindern oder wenigstens eine ordentliche Gerichtsverhandlung für ihn durchzusetzen. Heinrich lag schon auf dem Scheiterhaufen, als sie plötzlich in der brodelnden Menge auftauchte und sich Gehör verschaffte. Sie bot 1000 Gulden – eine riesige Summe – für den Aufschub der Hinrichtung, wurde jedoch von den aufgehetzten Leuten niedergeschlagen.

Wie kam Wibe Junge zu 1000 Gulden und dem Mut, sich ganz allein der rasenden Volkswut entgegenzustellen? Sie war eine prominente, vornehme Frau, die Witwe des Regenten Claus Junge aus Hemme und die Schwester des Regenten

Neocorus: „Von solchen Frauen hat es immer viele bei den Dithmarschern gegeben."

Peter Nanne aus Lunden. Man könnte vermuten, daß sie nicht aus eigenem Antrieb, sondern im Auftrag einiger Bauernführer handelte, die insgeheim mit Zütphen und der von ihm gepredigten neuen Lehre sympathisierten, das aber nicht zu zeigen wagten. Vielleicht hatten sie auf den Mut und Einfluß einer Frau vertraut, um das Schreckliche zu verhindern?

Andererseits ist es auch möglich, daß Wibe Junge einen eigenen Entschluß gefaßt hatte, denn sie bot zusätzlich zu dem Geld etwas Ungeheuerliches an: man solle sie selber an einen Pfahl binden und prügeln („men scholde se thor Stupe schlaen"), um den Volkszorn zu besänftigen. Es ist kaum anzunehmen, daß ihr Bruder Peter Nanne oder irgendein anderer Mann sie mit so einem Vorschlag auf den Weg geschickt haben sollte.

Die Fähigkeit zu solcher Selbstentäußerung müssen auch andere Dithmarscher Frauen gehabt haben, die, wie Neocorus berichtet, bei Hemmingstedt und in der Letzten Fehde „Harnsch unnd Wapen angelecht unde mank den Mennern gestanden" und „wedder ehres Geschlechtes Natur velen Menneren itt vordeden".

„Von solchen hat es immer viele bei den Dithmarschern gegeben", schreibt er und fügt hinzu, daß „eine Fruwe twe Landeß-Knechte nha einander mit einem Meßer ersteken hebbe."

Solchen Männermut bewies auch die legendäre Telse von Wöhrden in der siegreichen Schlacht bei Hemmingstedt, als die Dithmarscher nach blutig abgeschlagenen Ausfallversuchen in der Schanze zu zögern begannen. Sie gelobte der himmlischen Jungfrau ewige Keuschheit, packte ein Feldbanner und setzte sich mit dem Ruf „Maria, hilf!" an die Spitze der Bauern.

Ob es Telse von Wöhrden wirklich gegeben hat, wird heute bezweifelt. Vielleicht war diese Jeanne d'Arc der Dithmarscher nur eine Ausgeburt der euphorischen Stimmung nach dem mörderischen Kampf und Sieg. Ihr Name ist in alten Quellen nicht überliefert und wahrscheinlich später erfunden worden. Schon Neocorus bedauert, daß Herkunft und Familie dieser ehrenhaften Jungfrau, die weder nach Frauenart jämmerlich geweint noch sich erbärmlich angestellt habe, nicht allgemein bekannt seien.

Reimer Kock, der Lübecker Chronist, sieht Telse etwas nüchterner: Er vermerkt ebenfalls ohne Namensnennung, daß eine ältliche Jungfer von etwa 40 Jahren einen alten Linnenplünnen an einen Stock gebunden und vor sich hergetragen habe. Diese Details könnten auf Realität deuten – wenn sie nicht der Versuch sind, die hehre Dithmarscher Legende nachträglich zu ironisieren.

Fest steht jedenfalls, daß mit den rechtlosen Dithmarscher Frauen nicht zu spaßen gewesen sein muß, wenn der heilige Zorn sie packte. Und dann schreckten sie selbst vor ihren eigenen Männern nicht zurück. Als in der Letzten Fehde einige kampfesmüde Bauern nach Büsum geflohen waren, um von dort per Schiff nach Hadeln überzusetzen und der Niederlage zu entkommen, wären sie um ein Haar von Dithmarscher Frauen in ihren Booten erschlagen worden. Ob sie wollten oder nicht – sie mußten zurück in den Krieg.

In Nordhastedt wird noch immer das „Fruunsbeerfest“ gefeiert – zur Erinnerung daran, daß Nordhastedter Frauen ihren arg in Bedrängnis geratenen Männern aus der Patsche halfen, als gegen Ende des Dreißigjährigen Krieges ein marodierender Söldnerhaufen das Dorf überfiel.

Die Bauersfrauen hatten zu dieser Zeit den üblichen Grützbrei über dem offenen Herdfeuer, während ihre Männer verzweifelt versuchten, im Kampf von Mann gegen Mann die Häuser des Dorfes zu schützen. Als die Frauen sahen, daß die Lage kritisch wurde, rissen sie die Kessel aus der Glut und stürmten hinaus. Den kochendheißen Brei klatschten sie den kämpfenden Landsknechten über den Kopf, so daß die Bauern die Schrecksekunde ihrer Gegner zum tödlichen Streich nutzen konnten.

Diese ungewöhnliche Waffe lehrte die Söldner das Fürchten. Sie flohen in eine einsam gelegene Schenke, wurden dort aber von ihren Verfolgern mit Brandfackeln ausgeräuchert, gefangengenommen und gehängt.

Als Dank für ihren Mut stifteten die Nordhastedter Männer den Frauen eine rauschende Siegesfeier, auf der ihnen Männerrechte eingeräumt wurden: Biertrinken, so viel sie wollten, und Partnerwahl beim Tanz.

Dieses Fest wird bis heute alle drei Jahre wiederholt. Und wenn die Geschichte dazu vielleicht vor langer Zeit erfunden wurde, so paßt sie doch genau ins Bild und drückt möglicherweise den Wunsch der Frauen aus, nicht nur bei größter Not im Kampf, sondern auch im friedlichen Alltag gegenüber den Männern mehr Rechte zu genießen.

Daß der Alltag im Hause vor über 400 Jahren nicht immer so friedlich war, wissen wir zumindest von der Frau des Dithmarschers Hans Pawelß. Ohne Rücksicht auf ihre Hochzeitsgelübde prügelte sie ihn jedesmal durch, wenn er wieder voll des Bieres auf seinem Bett schnarchte. Am nächsten Morgen redete sie ihm dann ein, seine blauen Flecken kämen daher, daß er im Rausch gestürzt sei.

Hans Pawelß glaubte seiner Frau so lange, bis sie den Fehler machte, ihr „Rezept" einer anderen zu empfehlen, deren Mann auch oft betrunken nach Hause kam. Doch diese behielt es nicht für sich, so daß Hans Pawelß davon erfuhr und sich zu rächen beschloß. Er tat eines Abends, als sei er volltrunken, ließ sich von Frau und Magd nach Hause tragen, wo er dann urplötzlich stocknüchtern auf die Beine kam und seine „Wohltäterinnen" verdrosch.

Diese Geschichte machte schnell die Runde und amüsierte sogar den Büsumer Prediger, der sie in sein Tagebuch schrieb – mit dem schadenfrohen Nachsatz, daß Hans Pawelß die Frauen „mit ehren egen Vette bedrüppet" habe.

Dithmarscher Männer konnten Damen gegenüber jedoch auch galant sein, wie 1545 auf der Insel Helgoland, wo sie den Landesfeind Wieben Peter erschossen hatten. Angesichts der 100 bewaffneten Bauern vom Festland waren die Helgoländer Frauen geflüchtet und hatten sich hinter einem Hügel versteckt. Dort wurden sie von einigen Dithmarschern entdeckt, die vor der Siegesfeier erst einmal einen Inselspaziergang machen wollten.

Die Männer sprachen den verängstigten Frauen tröstend zu, versicherten, daß ihnen kein Leid geschehen solle und sie sich nicht zu fürchten brauchten. Die Dithmarscher Herren müssen sehr überzeugend gewesen sein, denn als sie von ihrem Rundgang zur Siegesfeier in die Kirche zurückkehrten, waren die Helgoländer Damen schon da und ließen sich die Becher mit Dithmarscher Bier füllen. Die Gastfreundschaft der Dithmarscher ist schon vor Jahrhunderten berühmt gewesen. Es ging darum, Ehre einzulegen, wenn Freunde oder Fremde ins Haus kamen. „Daß ist ein Landt, dar muß man sich auß freße unnd auß sauffe", behauptete Neocorus.

Höfliche Begrüßungs- und Abschiedszeremonien rahmten ausgedehnte Mahlzeiten und Trinkrunden ein. Dieser Teil des häuslichen Lebens war „Öffentlichkeitsarbeit" der Frau für den Mann. Hier behauptete sie als „Wirtin" den ihr zugewiesenen Platz mit Umsicht, Organisationstalent, Autorität gegenüber dem Gesinde und höflicher Würde gegenüber den Gästen. Ob alles wie am Schnürchen lief, war allein ihre Angelegenheit. Sie gab nicht nur das Essen, sondern auch die Getränke aus. Auf den größten Appetit und den unstillbaren Durst mußte sie vorbereitet sein – und das wollte in Dithmarschen etwas heißen.

Ernestine Voß, die Frau des Eutiner Dichters Johann Heinrich Voß und Schwester des von 1781 bis 1806 in Meldorf amtierenden Landvogts Heinrich Christian Boie, verlebte im Jahre 1800 mit ihrer Familie einen kalten, verregneten Sommerurlaub in Brunsbüttel und mußte sich auf mehreren Marschhöfen durch eine üppig-festliche Speisefolge essen, die im übrigen überall fast die gleiche war. Ihre Gastgeberinnen sahen im Besuch des Landvogts und seiner Verwandtschaft eine förmliche Visite und hatten immer mindestens 30 Personen zu Tisch gebeten.

Für je acht von ihnen wurde als erster Gang eine große Schüssel aufgetragen, die Hühnerbrühe mit Reis, Rosinen und reichlich Hühnerfleisch enthielt. Dann kamen ein riesiger gekochter Schinken und geräucherte Zungen auf den Tisch. Die leeren Suppenschüsseln wurden durch Mehlbeutel ersetzt, die „recht derbe und voll Rosinen sein mußten". Als nächstes folgten zwei große Rinderbraten und zwei Schüsseln mit Enten und jungen Hühnchen. Dazu gehörten auf kleinen Tellern servierte Pflaumen und Erbsen.

Die Reihe der Nachspeisen leiteten je zwei Mandel- und Pflaumentorten ein, gefolgt von dickem Milchreis mit Wein. Kirschen und kleines Gebäck gab es zum Schluß.

Kein Wunder, daß der Landvogt Boie schon nach wenigen Jahren in Dithmarschen 20 Pfund zugenommen hatte und sich mit der Gicht abplagte. Ernestine hätte den Marschbauern gerne eine Gemüsediät verschrieben, denn dann wären sie „etwas rascher" geworden und hätten „keine so große Last an ihrem Körper zu tragen" gehabt. Auch die Bäuerinnen konnten ihre Hausarbeit nur „fein bedächtig" tun und mußten sich danach lange ausruhen. Sie rauchten übrigens Pfeife dabei, anstatt – wie Ernestine es lieber gesehen hätte – sich in Mußestunden eine Handarbeit vorzunehmen.

Bis heute spielt ein reichgedeckter Tisch bei Einladungen im ländlichen Dithmarschen eine große Rolle. Nur ein Landfremder wird sich wundern, daß er nach einem üppigen Abendessen um Mitternacht noch riesige Tortenstücke und Kaffee vorgesetzt bekommt. Ehrensache für Gast und Gastgeberin, daß er das alles verputzt!

Dithmarscher Frauen – auch die Bäuerinnen – sind heute genau so modisch gekleidet wie die Touristinnen aus der Stadt. Sie haben auch darin den Vorsprung aufgeholt, den ihre Männer um 1600 vor ihnen hatten. Letztere trugen sich schon nach ausländischer Mode, als ihre Frauen noch den Hoiken mit der Kagel, eine enganliegende Kapuze mit angeschnittener Pelerine, benutzten.

Doch wie reich und kostbar ausgestattet die konservative Kleidung der vornehmen Dithmarscherinnen war, kann man bei Neocorus nachlesen. Er hat die Gemälde des 15. Jahrhunderts untersucht, alte Leute befragt und wahrscheinlich in Kasten und Truhen der Bäuerinnen gekramt, um selber in

Augenschein zu nehmen, was er beschreiben wollte: alle Besonderheiten des Schnitts und des Materials, die Länge und Breite der Bänder und Tressen, die Formen der Knöpfe, Schnallen und Knebel, die Farben der Stickereien und sogar die Zahl und Anordnung aller Falten.

Sein Kapitel über die Kleidung der wohlhabenden Dithmarscher und ihren Wandel zu immer mehr Luxus ist ein außergewöhnliches Schriftstück für einen Kirchenmann – ein Modelexikon für Nostalgiker, die sich, wenn sie nur genug Geld für Gold und Silber, Seide, Samt und Pelzwerk haben, daraus stilecht und originalgetreu bedienen können.

Neocorus sah im Wandel der Mode Leichtfertigkeit des Herzens und Wankelmütigkeit in Sitten und Gebräuchen. Er gab seinen Dithmarschern zu bedenken, daß ihre Vorfahren in Demut, spartanischer Mäßigkeit und hausgewebten Stoffen die Freiheit erhalten und verteidigt hätten. In englischem Tuch sei sie dann verloren worden.

Lange blonde, lose herabhängende Flechten mit Bändern darin waren das Schönheitsideal im freien Bauernstaat und eine Zierde der Jungfrauen. Nach der Heirat waren es die Kinder, die einer Frau Ehre machten. Von Hergen Wolderichs Telse aus Lunden ist überliefert, daß sie zur Zeit der Letzten Fehde als Urgroßmutter 120 Kinder, Enkel und Urenkel um sich versammeln konnte. Claweß Kulingsen, verwitwet und wiederverheiratet, brachte es mit 59 Jahren zu 34 Söhnen und Töchtern. Solche Rekordzahlen müßten unglaubwürdig erscheinen, wenn sie nicht aus Taufregistern stammen würden.

Mehrlingsgeburten waren offenbar im 16. Jahrhundert häufiger als heute. Johann Winter aus Lunden zeugte mit seiner Frau in zwei Jahren sieben Kinder: zweimal Zwillinge und einmal Drillinge. Hanß Nanne kam in arge finanzielle Bedrängnis, als seine Frau dreimal Zwillinge gebar, so daß ihm die

Bauerschaft vier Gulden stiften mußte. Dreimal Zwillinge in drei Jahren gab es auch bei Thomas Vos in Meldorf, und 1591 wurden Grote Johans Peter in Rickelshof Drillinge geboren, zwei Söhne und eine Tochter.

Als ein Bauer, der am Büsumer Süderdeich beim Pflügen war, während der Arbeit Nachricht bekam, seine Frau sei von einem gesunden Sohn entbunden worden, war er hochzufrieden. Nach der nächsten Furche wartete neuer Bescheid auf ihn, es sei ein zweiter dazugekommen. Auch gut soweit, doch noch eine Furche, und wieder stand einer am Ackerrand und verkündete frohe Botschaft: der dritte Sohn sei geboren. Da hielt der frischgebackene Vater die Pferde an und rief entgeistert: „Holt, holt! Dar kamen sonst tho vele!"

Neocorus sieht im reichen Kindersegen und in der Erziehung der Nachkommen zu ernster Disziplin das größte Verdienst der Dithmarscher Frauen um die Bauernrepublik: „Van solcker Moder Brüste iß sodane Mannes Herte unde Heldenmodt getagen unde gesagen . . . sindt solche harde, stridtbare Geleder, Arme und Füeste hergekamen." Die Dithmarscher „Helden" stammten nach seiner Aussage von Eheleuten „gleicher Jugend, gleicher Länge und Statur, *gleicher Macht und Stärke.*"

Aus diesem Zeugnis läßt sich entnehmen, daß die handfesten Dithmarscher Frauen durchaus imstande gewesen sind, sich „unter der Gewalt" ihrer Männer eine respektable Position zu schaffen. Der Wandsbeker Pastor A. U. Hansen schrieb 1858 über Dithmarschen und seine Einwohner: „Das weibliche Geschlecht ist dort keineswegs das schwache, ist auch heute noch sehr schnell gereizt, entschlossen, kühn und schlagfertig. . . Min gude Mann, wahr di, de Buur sin Fru kummt!"

In Frauenfragen engagierte junge Damen klopften im Herbst 1991 bei den älteren Dithmarscherinnen auf den

Busch. Sie wollten wissen, wie sie in der ersten Hälfte des 20. Jahrhunderts als Bäuerinnen, Ehefrauen und Mütter gelebt hatten. Die Gretchenfrage kam zum Schluß: Und wie war es mit der Emanzipation? Galten die Landbewohner und besonders die Bauern im allgemeinen nicht als etwas „tumb", unbeholfen, unbeweglich?

Es war schon beeindruckend, mit welcher Gelassenheit und Selbstsicherheit nicht nur die „Kandidatinnen" auf dem Podium, sondern auch ihre Altersgenossinnen in der Zuhörerschaft diese Fragen abschmetterten oder ganz einfach nicht verstanden.

Tumb? Nein, in Dithmarschen nicht. Das mag ja anderswo so sein, aber in Dithmarschen nicht. In Dithmarschen ist das anders. (Unüberhörbar saß der Akzent in jedem Satz auf der heimischen Region).

Emanzipation? Ja, natürlich haben sie sich emanzipiert, aber nicht so kompliziert, wie das heute betrieben wird. Man hat lernen müssen, noch als gestandene Ehefrau und Mutter unter dem Regiment der den Hof bewirtschaftenden Eltern oder Schwiegereltern zu leben. Selbstverständlich gab es da Reibungspunkte, aber Toleranz war erlernbar und hielt das Familiengefüge zusammen. Mit Toleranz sind sie gut gefahren und haben sie sich offensichtlich zu selbstbewußten, durch keine Fragen zu verunsichernden Frauen entwickelt.

Das waren Antworten, die an den vorgegebenen Zielpunkten der Interviewerinnen glatt vorbeiliefen. Doch für deren leicht ratlose Gesichter gab es eigentlich keinen Grund. Schließlich verhindert Toleranz die menschliche Reifung nicht. Sie ist im Gegenteil ein Indikator für sie. Und sie ist auch nicht mit Unterwerfung gleichzusetzen – jedenfalls in Dithmarschen nicht.

Die Tradition, das Neueste zu wollen

Um es gleich vorwegzunehmen: als Kulturprovinz hat Dithmarschen keinen sonderlich guten Ruf. Feriengäste aus benachbarten oder weit entfernten Großstädten, die ihrem Urlaubsdomizil an der Westküste oft länger als ein Jahrzehnt die Treue halten, finden es zwar schön, zwischen Kohlfeldern, Schafen und Windmühlen auszuspannen, doch die meisten von ihnen sind der Meinung: für immer hier leben kann man nicht – es ist „zu wenig los".

Eine Galerie, die in einem Dithmarscher Dorf hochkarätige Kunst aus der ganzen Bundesrepublik anbot, verkaufte hauptsächlich Werke des namhaften Dithmarscher Radierers Jens Rusch. Die Einheimischen bevorzugten ihren Lokalmatador. Für anderes bestand offensichtlich kaum Bedarf.

Nach fünf Jahren brach der Galerist den Versuch privater Kulturförderung in der Provinz ab. Das Unternehmen „rechnete sich nicht". Den Grund dafür brachte er auf eine einfache Formel: Es gibt auf dem Lande nicht das massenhafte Publikum, das man für einen solchen Betrieb braucht.

Immerhin hatte er ausgerechnet, daß die Zahl der Kunstinteressierten in Dithmarschen, gemessen an der Zahl seiner Einwohner, größer ist als die in Hamburg. Und wahrscheinlich hat er diejenigen Dithmarscher, die Kunst und Kultur lieber im naheliegenden Hamburg genießen, noch nicht einmal mitzählen können.

Das sind nicht eben wenige. Sie kennen nicht nur „Cats" und „Das Phantom der Oper", sondern haben auch die großen Ausstellungen von Toulouse-Lautrec, Klee und Holbein nicht verpaßt. Und einige ergattern sogar Eintrittskarten für die Ballettaufführungen von John Neumeier.

Ganz so schlimm, wie es immer gesagt wird, ist es also nicht. Und die Hindernisse, die einem „Kulturbetrieb" in Dithmarschen im Wege stehen, gibt es in anderen ländlichen Regionen auch.

Kultur ist ein facettenreicher Begriff, der für vieles herhalten muß. Was gibt es da nicht alles: Baukultur, Wohnkultur, Eßkultur, Arbeiterkultur, Trichterbecherkultur und Subkultur. Bildende Kunst, Musik, Dichtung und alte Traditionen – all das und vieles mehr kann gemeint sein, wenn von Kultur die Rede ist. Wer wollte behaupten, es gäbe Regionen, die nichts von alledem haben und also „kulturlos" sind?

„Kulturbetrieb" hingegen, der in Dithmarschen nicht so recht funktionieren will, ist etwas anderes. Er ist „Szene", ist die Inszenierung der kulturellen Vorlieben und Zeiterscheinungen, der „Trends", die gerade „in" sind. Als hochsensibles, gehätscheltes Großstadtkind gedeiht Kulturbetrieb im Klima einer City am besten. Er läßt sich nicht so leicht aufs platte Land verpflanzen wie andere Annehmlichkeiten der Zivilisation, die städtischen Ursprungs sind. Die Dithmarscher „Kulturkonsumenten" betrachten das vielleicht nicht als katastrophalen Notstand, weil die Weltmetropole Hamburg nur eine Autostunde entfernt liegt und sie sich dort nach Belieben bedienen können.

Im übrigen hat die Gewohnheit, sich von außerhalb zu besorgen, was zu Hause fehlt, in Dithmarschen jahrhundertealte Tradition. In dem durch natürliche Hindernisse vom

Festland abgeriegelten Ländchen gab es bis ins 19. Jahrhundert nur eine offene Seite: das Meer. Von Anfang an waren Dithmarscher Bauern auch Seefahrer auf eigenen Schiffen, die ihre Produkte in Hamburg und anderen Hansestädten, in den Niederlanden und England auf den Markt brachten. Wozu also eine eigene Wohnkultur erfinden, wenn am Ziel ihrer Handelsfahrten schon alles vom Feinsten zu haben war? Hamburger „Schapps", reichgeschnitzte holländische Möbel und englisches Tafelsilber, Delfter Fayencegeschirr und Wandfliesen, all das adaptierten zumindest die Begüterten mit Vergnügen. Man kann es heute in den Museen bewundern.

Manches wurde auch nicht gekauft, sondern von gekaperten Handelsschiffen entführt. Besonders an der Küste Süderdithmarschens lebten im Mittelalter ganze Landstriche vom Strand- und Seeraub.

Auch ohne Schiff sind Dithmarscher „rausgegangen". Schon im 16. Jahrhundert begegnen uns einige von ihnen als einflußreiche Amtsträger in großen Städten. Sie waren erfolgreiche, angesehene Leute im Ausland und haben sicher dazu beigetragen, daß die großbäuerliche Kultur in Dithmarschen Anschluß an einen internationalen Standard fand.

Marcus Swyn, Regent der Bauernrepublik, ließ sich im Jahre 1552 zusammen mit seiner Frau Heine malen. Er trägt die kostbare Kleidung spanischer(!) Edelleute. Auch feine Tuche aus England wurden schon zu seiner Zeit importiert und getragen. Man kam eben in der Welt herum, man hatte Geld und wollte zeigen, daß Dithmarschen kein unterentwickeltes Land, sondern auch auf dem letzten Stand der Dinge war.

Auf den Marschhöfen fand Ernestine Voß im Jahr 1800 die repräsentativen guten Stuben, die Pesel genannt wurden, noch überwiegend mit den schweren, geschnitzten Schränken und Truhen vergangener Jahrhunderte vor. Doch es kündigte sich auch hier eine Kurskorrektur in Richtung auf modernen städtischen Lebensstandard an.

Ohne Rücksicht auf Stilbrüche, wie schon Peter Swyn es mit hausgewebter Wollhose und elegantem Ritterwams dem Adel vorgeführt hatte, stellten die Bauern zierliche Salonmöbel städtischer Mode in das dunkle Renaissance-Interieur. Feine Stühle und Kommoden aus hochglanzpoliertem Mahagoni hatten sich mit alten strohgepolsterten Sitzen und bunten Kissen anzufreunden, und über allem glitzerte der teure, neue Kronleuchter aus Kristall.

Fortschritt hat in Dithmarschen immer Vorfahrt gehabt. So konnte es kommen, daß die schönste, reichgeschnitzte Schenkschiew aus dem Jahre 1605, die von Dithmarscher Peseleinrichtungen erhalten geblieben ist, im Jahre 1931 für das Dithmarscher Landesmuseum von einem englischen Adelssitz zurückgekauft werden mußte. Der Kunstfleiß der Vorfahren ist im 19. Jahrhundert bedenkenlos verramscht worden.

Diese Einstellung der begüterten bäuerlichen Führungsschicht hat das äußere Bild der Region bis in die Gegenwart geprägt. Man konnte sich jeden technischen Fortschritt leisten – das Beste, das Neueste, das Gewinnbringendste. 1846 schrieb Theodor Mügge aus Frankfurt von seiner Begegnung mit Dithmarscher Großbauern: „Wir haben es mit Gutsbesitzern zu tun, die mit den Weltverhältnissen sowohl wie mit Champagner und Austern bekannt sind. . . Wenn nicht der große Gott im Himmel . . . zuweilen auch sehr nasse Jahre und Mißwuchs schickte, dann würden sie gar zu übermütig werden."

Weil also nicht gespart werden mußte, verschwanden im Zeitalter der Industrialisierung bis zum Ersten Weltkrieg die meisten alten Hofgebäude und machten großen Betrieben in damals moderner Bauweise Platz. Von einer Ausnahme abge-

Anpassung an schwierige Zeiten: Dithmarscher Bauern erzeugen Strom.

sehen, nämlich der Erinnerung an ihre ruhmreiche Vergangenheit als freies Bauernvolk, haben die Dithmarscher kein Bedürfnis nach Heimattümelei erkennen lassen. Die Höfe wechselten ihre Besitzer, wenn die Rechnung aufging. Teerpappe, Eternit und Blechdrempel lösten die erneuerungsbedürftigen Reetdächer ab, weil sie praktischer und wirtschaftlicher waren. Vergebens suchen deshalb heute die Touristen in Dithmarschen nach Gegenstücken zu den urigen, weichgedeckten Haubargen des benachbarten Eiderstedts.

Statt dessen treffen sie immer häufiger auf den jüngsten Beweis dithmarsischer Anpassungsfähigkeit an schwierige Zeitläufte. Nachdem die Existenzgrundlage vieler Höfe durch die EG-Bestimmungen stark angeknabbert ist, entschließen sich immer mehr Bauern zum Gelderwerb durch Stromerzeugung für das öffentliche Netz. Die ersten beiden eleganten Windräder, die von Bauern errichtet wurden, drehten sich in Överwisch. Inzwischen sind es mehr geworden. Und von 500 Anträgen für rund 900 Windenergieanlagen, die Anfang des Jahres 1991 aus dem ganzen Land Schleswig-Holstein vorlagen, kam immerhin fast ein Drittel aus Dithmarschen.

Tradition in Dithmarschen ist also nicht unbedingt das Festhalten am „schönen Alten", sondern eher das Gespür für neue Möglichkeiten und ein Rest von jenem technischen Pioniergeist, mit dem das Land vor langer Zeit seefest gemacht und in eine Goldgrube verwandelt wurde.

Aus den Taschen der Reichen wanderte in früheren Jahrhunderten so manch ein Taler auch in heimische Handwerksbetriebe und half dem Mittelstand auf. Besonders die Dithmarscher Möbelschnitzer und Silberschmiede profitierten davon und bewiesen 200 Jahre lang, daß man nicht unbedingt mehr im Ausland kaufen mußte, wenn man Pracht entfalten wollte. Auch diese Tradition ist dem Maschinenzeitalter zum Opfer gefallen. Zeugnisse dieser Epoche findet man heute nur noch bei Sammlern und in Museen. Hier und da wird manchmal noch in Privathaushalten erlesenes altes Tafelsilber gehütet. Aber wer das zu Gesicht bekommt, der muß schon sehr, sehr vertrauenswürdig sein.

Mit einer anderen Tradition dagegen gehen die Dithmarscher offenherzig um. Es ist die seit Jahrhunderten unverändert gebliebene Lust am Singen und Musizieren. Schon Neocorus bescheinigt seinen Landsleuten vor 400 Jahren darin besondere Fähigkeiten, obwohl sie zu seiner Zeit in dieser Kunst keine Anleitung hatten. Er verweist auf ihre alten Tänze mit Hüpfschritten, Sprüngen und Handgebärden, zu denen die Trommeln den Rhythmus schlugen, und auf ihre Lieder, in denen sie ihre Abenteuer und siegreichen Scharmützel gegen die Truppen der feindlichen Herrschaftshäuser besingen.

Zur Zeit des Büsumer Chronisten war vieles davon schon vergessen. Anderes ist seiner Meinung nach verlorengegangen, weil die fürstlichen Sieger es nach der Letzten Fehde verboten haben. Besonders die triumphierenden Siegeslieder und Spottlieder auf den Adel dürften ihnen „zuwider und verdrießlich" gewesen sein, so daß sie nicht mehr gesungen werden durften.

Und da die schreibfaulen Dithmarscher Verse und Melodien nicht zu Papier gebracht hatten, sondern gewohnt waren, solche Dinge mündlich von Generation zu Generation weiterzugeben, hatte schon Neocorus Mühe, die letzten Texte zu sammeln, die noch erinnert wurden. Auch Melodien will er notiert haben, aber die musikalischen Aufzeichnungen scheinen verschollen zu sein.

Klaus Groth schrieb, daß seine Großelterngeneration wahrscheinlich noch etwas davon hätte retten können, denn wenigstens ein Kriegs- und Siegeslied sei zu ihrer Zeit „in jeder lebhaften Gesellschaft wenigstens einmal von den Musikern verlangt und mit Trompeten und Hörnern laut und schallend gespielt" worden.

Lebhafte Geselligkeiten gibt es natürlich noch heute in Dithmarschen, und gesungen wird meistens dabei. Es dürfte kaum eine ländliche Region geben, in der mehr musiziert wird als in Dithmarschen. In den Kirchen wagen sich die Chöre mit beachtlichem Erfolg an große, schwierige Werke der Klassik. Oft werden sie von Großstadtorchestern begleitet. Immer haben sie eine konzentriert mitgehende Zuhörerschaft. International bekannte Solisten werden verpflichtet und durchaus nicht ständig kritiklos bejubelt.

Selbst Aufführungen schwer zugänglicher moderner Kompositionen füllen die Säle und bannen die Zuhörer in atemloser Spannung. Dann kann es passieren, daß nach einem besonders gelungenen Satz Beifall aufbraust, der eigentlich erst zum Schluß fällig wäre. Doch für Dithmarscher ist das kein Sakrileg. Ist Szenenapplaus nicht auch für einen Schauspieler das Beste, was er bekommen kann? Für Musikantisches haben Dithmarscher feine Sensoren, und wenn da etwas „rübergekommen ist", das sie erregt, dann gibt es zum Schluß erlesener Vorträge wohl auch begeistertes Trampeln – vom Rezensenten des Lokalblatts sanft gerügt. Aber eben nur sanft. Schließlich kennt wohl auch er seine Dithmarscher.

Das rege musikalische Leben setzt sich fort in den Musikschulen des Landes, in Instrumentalgruppen, Vereinschören, Jazz- und Rockformationen, Feuerwehrkapellen und Spielmannszügen. Wer immer ihnen zuhört, erlebt ein Stück dithmarsischen Musikantentums von langer Tradition – deftig, locker und unbekümmert.

Vom Los, in Dithmarschen Dichter zu sein

Es war der allerärmste Stand in Dithmarschen, der den größten Dichter des Landes hervorbrachte, den Dramatiker Friedrich Hebbel. In bitterster Armut aufgewachsen als Sohn eines Maurers und Tagelöhners in Wesselburen begann er mit 14 Jahren seine Karriere in der Schreibstube eines Kirchspielvogts. Er war ein guter Schüler gewesen, hatte aber aufgrund seiner Herkunft keine Chancen, sich zu bilden und weiterzukommen. Im Hause seines Arbeitgebers aß er am Gesindetisch und teilte mit dem Kutscher ein Bett.

Hebbel, der schon als Kind seine ersten Gedichte schrieb, hat unter der geistigen Enge, die ihm in seinem Stand zugemutet wurde, so gelitten, daß er im Zorn von seinem Prinzipal schied, der ihm anfangs ein Vaterersatz gewesen zu sein scheint. Als er endlich als 22jähriger – unter der Protektion einer Schriftstellerin – nach Hamburg gehen konnte, erlebte er den Auszug aus seiner Heimat als eine Befreiung. 1842, sieben Jahre danach, schrieb er: „Seit meinem Weggang aus Dithmarschen bin ich aber erst in der Welt, also erst seit sieben Jahren."

Zeitlebens hat er sich mit den unwürdigen Startbedingungen in seiner Heimat verbittert auseinandergesetzt. „Daß ich in Dithmarschen schon so hoch stand (ich wußte von Kunst und Wissenschaft, was ich jetzt weiß, und hatte die „Jungfrau" und das „Kind" usw. schon gemacht) und dennoch gesellschaftlich von dem Kirchspielvogt M., der mich erkannte, so niedrig gestellt ward, ist das größte Unglück meines Lebens. Das begreift niemand, als der es selbst erfuhr."

Erst in Wien, der letzten Station seines Lebens, und als anerkannter Dichter scheint er sich mit Dithmarschen ein wenig auszusöhnen. An Arnold Ruge schreibt er 1852: „. . . Aber eine solche Abgeschlossenheit von der ganzen Welt hat, so schwer sie auch zu ertragen ist, nichts desto weniger auch ihre Vorteile, und wahrlich, ich möchte jetzt, wo ich die Dressieranstalten des Staates aus eigener Anschauung kenne, meinen einsamen und allerdings etwas mühseligen Entwicklungsgang nicht mit dem gewöhnlichen vertauschen."

Unter wesentlich besseren Voraussetzungen, aber mit fast bis zur Selbstzerstörung gehendem Einsatz vollbrachte ein anderer Dichter aus Dithmarschen eine literarische Pioniertat. Klaus Groth, der Müllerssohn aus Heide, begründete den „Quickborn", eine mehrbändige Sammlung plattdeutscher Gedichte, und machte die niederdeutsche Sprache nach jahrhundertelanger Mißachtung wieder gesellschafts- und literaturfähig.

Die Basis seiner Entwicklung war eine Kindheit in einem lebhaften, humorvollen Vaterhaus, in dem „alle Menschenklassen übers ganze Land Dithmarschen und weiter hinaus" ein- und ausgingen. Materielle Not gab es nicht, aber immer neue scherzhafte Geschichten und karikierte Originale – eine Atmosphäre, die sich im Werk Klaus Groths unschwer wiederfinden läßt. Groths Verhältnis zu seiner Heimat ist deshalb ein freundliches geblieben, seine Verbindung zu ihr nie abgerissen.

Als der bekannte Illustrator Otto Speckter Studien und Skizzen für den „Quickborn" in Dithmarschen machen wollte, wurde er überall als der Mann, der für „dat Bok" zeichnet, willkommen geheißen. Der erste Bauer, der ihn auf Dithmarscher Boden auf seinem Pferdewagen mitfahren ließ, wußte schon Bescheid: „Kam' Se man mit, Klaus Groth kennt wi all!"

Groth hat sich zeitlebens als Dithmarscher gefühlt. Als er krank, ohne Amt und eine sichere Zukunft in Kiel eintraf, wo er auf eine Anstellung an der Universität hoffte, mußte er zum erstenmal in seinem Leben als mittelloser Mann die Geschenke und Wohltaten von Freunden annehmen, und er „empfand etwas von Abhängigkeit und merkte freilich dabei auch, einer wie stolzen und vornehmen Rasse die Groths aus Dithmarschen angehörten."

Trotzdem war er nicht blind für gewisse Eigentümlichkeiten im Selbstverständnis dieser „Rasse". In seinen Betrachtungen über „Land und Leute in Dithmarschen" schrieb er: „Ist es Zufall, daß sie alle aus dem Lande gewandert, meistens um nicht wiederzukommen: die Hebbel, Carstens, Niebuhr, Jahn, Roß, Mommsen? Fehlte es bloß an Raum? – Überwiegend war und blieb in der Marsch der praktische Sinn, blieben von Künsten die mechanischen."

Und auch den Reisebericht des Marschbauern, der die Schweiz besucht hatte, unterschlug er nicht: „Alles sehr schön dort, aber nur Geest!" Denn, so Groth: „Der Marschbauer teilt die ganze Welt ein in Marsch und Geest. Nur Geest, sagt er vom übrigen Boden."

Doris Groth, die aus Bremen stammende Frau des Dichters, „eine Dame von höchster Bildung", besuchte die Heimat ihres Mannes zum erstenmal im Jahre 1859. Ihre Meinung über die Dithmarscher vertraute sie ihrem Tagebuch an – ein wenig schwärmerisch und eher naiv: „Unsere Reise nach

Dithmarschen hat mich sehr entzückt, sowohl Land wie Leute, die echte Kinder des Landes sind, treu, großartig in Gesinnung und Tüchtigkeit und bescheiden das Höhere anerkennend; einfach, schlicht, viel Verstand und praktisches Gemüt . . ."

Ach ja, und natürlich noch etwas praktisches Gemüt ganz zum Schluß der Eintragung: „Gestern schickte der Vater uns zwei prachtvolle Dithmarscher Würste und 1 Schweinebraten mit einem niedlichen Brief."

Wie schwierig es sein konnte, sich in der Kulturprovinz Dithmarschen einzuleben, wenn man aus literarischen Kreisen des städtischen Bildungsbürgertums kam, zeigt der von 1777 bis 1785 geführte Briefwechsel zwischen dem Meldorfer Landvogt Heinrich Christian Boie und seiner langjährigen Seelenfreundin und späteren Frau Luise Mejer aus Hannover.

Boie, aus altem Dithmarscher Predigergeschlecht stammend und in Meldorf geboren, hatte fern der Heimat Jura studiert und als Literat und Freund vieler Adelsfamilien und zeitgenössischer Dichter gelebt. Um endlich ein festes Einkommen zu haben, nahm er das Amt in Meldorf an.

Er war wahrscheinlich nicht ganz unschuldig an Luises Anpassungsschwierigkeiten, denn er selber hatte sich hohe kulturelle Ansprüche angewöhnt und sah die „Kinder des Landes", in das er heimgekehrt war, durch eine kritische Brille.

Bevor Luise als seine Frau zu ihm zog, warnte er sie in mehreren Briefen: „O Luise, denk ja nicht, daß Du unter Kinder der Natur mit einem vollen Herzen kämest. Wenn ich nicht ganz wüßte, wie Du Deinen Boie liebst, hätte ich nie gewagt, Dich in dieses Nest zu locken. Es ist kein Sinn hier für das Edle, Gute und Schöne, aber eben Deine Schüchternheit und Bescheidenheit wird hier Dein Glück machen. Du wirst keine unserer Damen verdunkeln wollen."

Luise jedoch – in der Hochstimmung ihres Glücks – ließ sich nicht entmutigen: „Und wenn die Meldorfer Kamtschadalen wären, so könnten sie meine Freuden doch nicht stören."

Als ihre Freundin, die Frau des Hofrats Kestner in Hannover, ihr Stoffproben für ein Kleid geschickt und dazu bemerkt hatte, daß das Zeug zwar dünn, aber für Meldorf gut genug sei, belehrte Boie seine Zukünftige in einem Brief: „Die Kestnern macht sich von Meldorf einen sehr unrichtigen Begriff, wenn sie meint, daß etwas hier leicht gut genug sei. Geschmack haben wir hier nicht, aber kostbar genug ist, was wir tragen."

Luise, die ein Jahr nach der Heirat im Kindbett starb, hat sich unter den Dithmarschern nicht sonderlich wohlgefühlt. Ihre Gesundheit war angegriffen. Sie hat sich sicher als Außenseiterin betrachtet unter den in Dithmarschen lebenden „glücklichen Menschen, die nie von schwachen Nerven gehört haben", wie sie ihrer Freundin Sarah v. Hugo schreibt.

Zum Lesen und Schreiben, dem bisher wichtigsten Teil ihres Lebens, kommt sie kaum, denn „Nähen so, daß ich's gebrauchen kann, versteht niemand im ganzen Lande . . . die dienende Klasse der hiesigen Nation ist unwissend und träge, so wie die Dänen. Die hiesigen Gesellschaften sind sehr langweilig, aber ich sehe alle Menschen selten und ersetze mein Nicht-Erscheinen durch Höflichkeit und Attentionen, die mich nichts kosten und den Leuten angenehm sind."

Boies jüngerer Bruder Reinhold dagegen, der Buchhändler und nach Meinung des besorgten Landvogts ein wenig zu unbesonnen und vertrauensselig war, tat sich in Dithmarschen leichter als seine Schwägerin. Vielleicht war es gerade sein spontanes Temperament, das gut in die Landschaft paßte. Er heiratete durch des Landvogts Vermittlung das 17jährige Ännchen, eine Bauerntochter aus Barlt in der Marsch, die 10 000 bis 12 000 Reichsthaler Mitgift und „einen Hof von

Bedeutung" mitbrachte. (Luise dazu in einem Brief: „Aber Boie, ein Mädchen ganz ohne Bildung?")

Doch Reinhold störte es nicht, daß seine Braut kein „Potpourri" kannte, nicht lesen und schreiben konnte und nur Plattdeutsch sprach. Der Landvogt hingegen legte Wert darauf, daß sie bei seinen Gesellschaften einsilbig blieb. Er sprach ausschließlich Hochdeutsch mit ihr, damit sie es allmählich lerne.

Ein wenig onkelhaft schreibt er von ihr als einem „guten, unverdorbenen, harmlosen Geschöpf", das „schon fühlt, was ihr fehlt", und er ist erleichtert, daß die Frau Konferenzrätin, vor der Ännchen am meisten graute, sie höflich und freundlich aufgenommen hat. In seinem Bekanntenkreis scheint Ännchen „ziemlich allgemein gefallen zu haben, man hat mehr an ihr gefunden, als man erwartete", berichtete er Luise.

Als man erwartete? Es müßte wohl richtiger heißen: als Boie erwartete. Denn die Dithmarscher, mit denen er Umgang hatte, haben Ännchen offenbar so akzeptiert, wie sie war: nämlich wie vermutlich alle Bauerntöchter der damaligen Zeit. Der einzige, der sie blamabel fand und sich ihrer schämte, scheint der Landvogt selber gewesen zu sein.

Luise hielt ihre künftige Schwägerin für eitel, denn Ännchen brach in Tränen aus, als Reinhold sich zur Hochzeit keine neue Kleidung kaufen wollte. „Ännchen müßte geleitet werden, das kann Reinhold durchaus nicht", war ihr besorgter Kommentar.

Ahnungslos, was die Verhältnisse im Lande betraf, hatte Luise Ännchens Tränen wahrscheinlich falsch interpretiert. Es ging sicher nicht um Reinholds Schönheit, sondern um die Tatsache, daß man über eine Marschbauernhochzeit, bei der der Bräutigam im alten Anzug erschienen war, noch ein paar Generationen lang spöttische Reden führen würde.

Auch Luise hatte noch viel zu lernen – nicht zuletzt die

Boie an Luise: „. . . hätte ich nie gewagt, Dich in dieses Nest zu locken."

plattdeutsche Sprache, die auch Boie nur noch mangelhaft beherrschte. Ihr guter Wille schoß oft am Ziel vorbei, und sie ahnte schon, daß sie in Meldorf „in dem ersten halben Jahr eine wunderliche Figur spielen" würde.

Es zeichnet sich deutlich ab, welch eine delikate Angelegenheit es vor 200 Jahren war, wenn sich nach Dithmarschen zugewanderte Intellektuelle mit einheimischen bäuerlichen Familien verbinden wollten. Nur schade, daß wir nicht wissen, was bei diesen Spielchen im Kopf der 17jährigen Bauerntochter vorgegangen ist. Mit einem stattlichen Marschhof und reichlich Bargeld im Hintergrund hatte sie alles, was man in Dithmarschen brauchte, um zu den besten Kreisen der Gesellschaft zu zählen, und ihr Minderwertigkeitsgefühl Konferenzrätinnen und Landvogtsgattinnen gegenüber dürfte sich bald verflüchtigt haben.

Vielleicht war Reinhold, der heitere, spontane, trotz seiner Bildung der richtige Mann für sie. Unbeeindruckt von all dem vorsichtigen konventionellen Gehabe schrieb er vor seiner Hochzeit an seinen ebenfalls kurz vor der Heirat stehenden Bruder und Landvogt: „Bruder, uns steht viel Glück bevor, Gott gebe uns Schultern, die es tragen können."

Boie hatte Bedenken, ob sein Bruder ein tüchtiger Landwirt werden würde. Er mißtraute „lateinischen Bauern". Vielleicht hatte er schon vergessen, daß „lateinische" Bauern, die an Universitäten in ganz Europa studiert hatten, zu Zeiten der freien Bauernrepublik die Geschicke Dithmarschens lenkten und aus ihren Höfen große Vermögen erwirtschafteten.

Bauern, Banker, Aktionäre

Bis zu dem Tag, an dem die Preußen kamen, haben die Dithmarscher in ihrem geteilten Ländchen an ihren Landschafts- und Kirchspielsverfassungen herumgebastelt, als sei die ringsum sich anbahnende Entwicklung zu immer stärkerer Zentralisierung für sie nicht von Belang. Fast könnte man annehmen, sie hätten versucht, sich die schöne Illusion von Unabhängigkeit auf diese Weise in eine Zeit hinein zu retten, in der es für kleine Regionen schon nicht mehr möglich war, ein eigenes Süppchen zu kochen.

Seit der Kapitulation vor den Dänen und Holsteinern in der Letzten Fehde gehörte das geteilte Dithmarschen dem Verband der Herzogtümer Schleswig und Holstein an und hatte sich durch geschicktes Verhandeln eine weitgehend ungestörte Selbstverwaltung erhalten. Das änderte sich grundlegend, als König Wilhelm I. 1867 nach dem Deutsch-Dänischen Krieg diese Herzogtümer zur Provinz Schleswig-Holstein machte und sie dem Königreich Preußen einverleibte. Damit wurden Norder- und Süderdithmarschen preußische Landkreise.

Auch dann noch versuchten die Dithmarscher, ihre Landesverfassung zu retten, doch schon der erste in Norderdithmarschen eingesetzte preußische Landrat war kein Dithmarscher mehr, sondern ein Westfale. In der tausendjährigen Geschichte Dithmarschens war es das erstemal, daß ein „Ausländer" die Regierungsgeschäfte übernahm. Das bisher geltende Recht, daß nur landesgebürtige Männer Dithmarschen verwalten sollten, war damit außer Kraft gesetzt.

In dem perfekten preußischen Verwaltungs- und Justizbetrieb, der Dithmarschen bald überzog, gab es natürlich keinen Spielraum mehr für Alleingänge, wie die Küstenbewohner sie jahrhundertelang gewohnt gewesen waren. Das einzige Gebiet, auf dem sie jetzt noch ihr Bedürfnis nach Unabhängigkeit befriedigen konnten, war das Areal unternehmerischer Initiative. Mit ihr schien sich in der Zeit der einsetzenden Industrialisierung ein Feld aufzutun, das neue Freiheiten verhieß.

Natürlich ist auch in Dithmarschen beim Geldverdienen jeder sich selbst erst einmal der Nächste. Doch entwickelten sich mit dem aufblühenden Kapitalismus auch bald Bestrebungen in der Region, die über den Profit des Einzelnen hinausgingen und wieder so etwas wie das Wohl des Landes im Auge hatten. Wenn schon die politische Unabhängigkeit verloren war, so konnte doch der kluge Umgang mit dem Geld als Mittel zum Zweck der Erhaltung wirtschaftlicher Selbständigkeit dienen.

Aus Zeiten, in denen es noch keine Versicherungen gegen Ernteausfälle und keine Absatzverträge gab, stammt die gute alte bäuerliche Vorsichtsmaßnahme, den Ertrag von zumindest einer Ernte auf dem Bankkonto zu haben, um in einem Jahr des Mißwuchses finanziell über die Runden zu kommen. Am meisten Kapital konnten natürlich die Marschbauern mit ihren reichen Ernten auf die hohe Kante legen. Nach einer Reihe fetter Jahre sammelte sich so ein erhebliches Vermögen an, mit dem zu „arbeiten" die Dithmarscher Bauern früh gelernt haben.

Ihre im Vergleich zu anderen bäuerlichen Regionen überdurchschnittlich ausgeprägte unternehmerische Initiative ist wahrscheinlich darauf zurückzuführen, daß es in Dithmarschen nie Leibeigenschaft gegeben hat. Jeder Bewohner – sei er Herr oder Knecht – war es zu allen Zeiten gewohnt, in Eigenverantwortung für seinen Lebensunterhalt zu sorgen, was die meisten Landleute außerhalb Dithmarschens, die um 1800 nach generationenlanger Leibeigenschaft in die Freiheit entlassen wurden, erst mühsam lernen mußten. Auch daß man anstelle von Naturalien Geld in die Hand bekam und rechnen mußte, war in Dithmarschen lange eingeübt.

In diesen Qualitäten unterschied sich der Geestbauer nicht von seinem Kollegen in der Marsch. Den Rückstand, den er in der Regel auf dem Bankkonto hatte, glich er nahezu aus, als er nach der Erfindung des chemischen Düngers die Erträge auf seinen leichteren Böden denen der fruchtbaren Marsch annähern konnte.

Die Voraussetzungen für verantwortliches Handeln und unternehmerisches Engagement im Sinne wirtschaftlicher Vorsorge waren im ländlichen Dithmarschen des 19. Jahrhunderts also gut. Es erschien den Bauern nicht als ungewöhnlich, sich um das Vieh und die Landbestellung zu kümmern und außerdem noch Aktionär einer Bank oder Fabrik zu werden.

Schon sehr früh im Verhältnis zur allgemeinen Entwicklung – nämlich 1829 – wurde in Marne, dem Mittelpunktsort der Südermarsch, von vier Dithmarschern eine Spar- und Leihkasse gegründet, die heute noch als „Alte Marner Sparkasse" existiert. 30 Aktionäre halfen dem Unternehmen auf die Beine. Sein Zweck war „einzig Wohltun". Die Sparkasse wollte „den Sinn fürs Sparen wecken und den sparenden Arbeitern, Dienstboten und Kindern Gelegenheit geben zur sicheren und fruchtbaren Unterbringung ihrer Ersparnisse".

Dithmarscher machen Dampf: die Rübenkampagne läuft.

Außerdem wollte sie verhindern, daß Leute, die in Geldverlegenheit geraten waren, „dem Wucher in die Hände fielen".

Von vornherein wurde festgelegt, daß der zu erwartende Reingewinn zum Besten des Kirchspiels Marne einem nützlichen allgemein wohltätigen Zweck zugeführt werden sollte. Das ist bis heute so geblieben. Die „Alte Marner Sparkasse" gibt einen Teil ihrer Überschüsse an gemeinnützige Organisationen weiter.

Ein anderes Beispiel für bäuerlichen Unternehmergeist in Dithmarschen war die Gründung der Zuckerfabrik in St. Michaelisdonn. 53 Aktionäre mit insgesamt 253 Aktien zu je 1500 Mark stiegen ein. Grundsteinlegung war im Sommer 1880. Schon ab Beginn der Rübenernte 1881 lief die erste

„Kampagne", wie die Zeit der winterlichen Zuckerrübenverarbeitung genannt wird.

Das Unternehmen hatte seine Hochs und Tiefs, doch über alle Schwierigkeiten halfen ihm immer wieder Dithmarscher Bauern hinweg. 1886 kam der erste Konkurs. Eine Pachtgesellschaft Dithmarscher Landwirte erweckte die Fabrik zu neuem Leben. Bis zu 350 Arbeitskräfte waren während der Kampagnen um 1900 dort beschäftigt.

Den nächsten Zusammenbruch verursachte die Inflation nach dem Ersten Weltkrieg. Wieder waren es wenige tatkräftige Rübenbauern, die die Fabrik retteten. Doch die kritische Lage war erst gemeistert, als 1931 die wirtschaftliche Vereinigung der deutschen Zuckerindustrie gegründet und in Dithmarschen die Anbaufläche für Zuckerrüben erheblich vergrößert worden war.

Nach dem Zweiten Weltkrieg half die britische Militärregierung per Anbauauflage kräftig nach. 1947 wurden in Dithmarschen bereits 1600 Hektar mit Rüben bepflanzt. 1964 liefen täglich mehr als 18 000 Doppelzentner Rüben in den Verarbeitungsprozeß.

Ständige technische Verbesserungen sorgten über Jahrzehnte hinweg für eine auf dem modernsten Stand gehaltene leistungsfähige Anlage, so daß die Zuckerfabrik der Dithmarscher Bauern im Überlebenskampf der Kleinen gegen die „Zuckerriesen" im Land Schleswig-Holstein als letzte übriggeblieben ist.

Mit kaufmännischem Weitblick und untrüglichem Gespür für die Möglichkeiten und Gefahren, die das neue kapitalistische Zeitalter seinem Berufsstand und seiner heimatlichen Region bringen konnte, stellte sich auch ein Bauer aus Zennhusen in der wohlhabenden Nordermarsch dem Wettstreit der Großen auf dem Geldmarkt. Gustav Adolph Thomsen, 1833 auf einem reichen Marschhof geboren, gründete als 38jähriger

Bauer in Tönning eine Dampfschiffahrtsgesellschaft und fünf Jahre später seine erste Bank.

Thomsen, in der heimischen Kommunalpolitik aktiv und am wirtschaftlichen Geschehen lebhaft interessiert, hatte früh erkannt, daß sich „der Bauer und Landmensch in die neuzeitliche Wirtschaft einschalten, daß er im Getriebe des kapitalistischen Systems selber die Hand rühren müsse, um nicht überrollt zu werden".

Dithmarscher lassen sich höchst ungern überrollen, und so dachte er darüber nach, wie das viele Geld, das sie für die Verschiffung ihres Mastviehs und anderer landwirtschaftlicher Produkte nach England an englische Reeder zahlen mußten, im eigenen Lande bleiben könnte. Das Ergebnis war die Gründung der „Tönninger Dampfschiffahrts-Gesellschaft", die ab 1871 den Export unter deutscher Flagge gewährleistete.

Das brachte so viel Geld ein, daß 1876 unter Thomsens Vorsitz die „Tönninger Darlehnsbank" gegründet werden konnte. Sie brachte den Viehexporteuren der Westküste nun auch noch die Unabhängigkeit von den Bankgeschäften der englischen Gesellschaften.

Thomsens Rechnung ging auf. Die Tönninger Darlehnsbank florierte. 1887 wurde eine Filiale in Husum eingerichtet und der Name in „Schleswig-Holsteinische Bank" geändert. Unter diesem Namen zog Thomsens Geldinstitut dann auch nach Heide in Dithmarschen ein.

Doch der Bauer aus Zennhusen sollte nach fast 20 Jahren erfolgreicher Bankerkarriere in seinem eigenen Imperium Schiffbruch erleiden. Als er 1895 wegen der Ausweitung der Geschäfte auf Doppelzeichnung der Zeichnungsberechtigten drängte, verweigerten die Direktoren ihm Gefolgschaft, und die Aktionäre setzten dem unnachgiebigen Aufsichtsratsvorsitzenden Thomsen den Stuhl vor die Tür. Verbittert kehrte der Bankgründer seinem blühenden Werk den Rücken.

Ein Jahr später hatten seine früheren Direktoren gemerkt, daß Thomsens Forderung richtig war, und die Doppelzeichnung eingeführt, doch da war der agile Zennhusener in bestem Dithmarscher Stil schon mit etwas anderem beschäftigt: mit der Gründung eines Konkurrenzunternehmens in Heide nämlich, das den Namen „Westholsteinische Bank" erhielt. Als Vereins- und Westbank AG ist sie nach der späteren Fusion mit Thomsens erster Bank und einer weiteren Regionalbank noch heute an der ganzen Nordseeküste zwischen Dänemark und Bremen, im dazugehörigen Hinterland bis Göttingen und Braunschweig, in Luxemburg und Amerika im Geschäft.

Thomsen hatte erkannt, daß zur gesicherten Zukunft einer Region als Wirtschaftsraum auch ihre Eigenständigkeit auf dem Kapitalmarkt gehörte.

1881 war er als Abgeordneter der Freisinnigen Vereinigung, die man heute am ehesten linksliberal einordnen würde, in den Reichstag gewählt worden. 17 Jahre hielt er in Berlin die Stellung für seine Dithmarscher Landsleute und den Kreis Steinburg. Dann zog er sich in seine in historisierendem Baustil errichtete Villa am Heider Markt zurück.

Er war ein weitgereister Mann, sammelte Kunstgegenstände, führte ein gastfreundliches Haus, finanzierte einem jungen Kunstmaler aus Zennhusen die Akademieausbildung und einem begabten Tagelöhnersohn das Hochschulstudium.

Gustav Adolph Thomsen war nach allem, was wir von ihm wissen, ein Mann ohne Fehl und Tadel. Erfolgreiche, rechtschaffene Unternehmer wie ihn hat es in der Gesellschaft des ausgehenden 19. Jahrhunderts überall gegeben. Man müßte ihn nicht unbedingt für einen typischen Dithmarscher halten, wenn da nicht zwei Begebenheiten wären, die ihn als Sohn des Küstenlandes ausweisen.

In Heide – so wird heute erzählt – ließ er den mageren Geestsand auf dem großen Grundstück seines Alterssitzes auskoffern und durch fette Marscherde ersetzen. Ein Marschbauer lebt eben nur ungern auf der Geest.

Und in Berlin muß ihn einmal die uralte Lust der Dithmarscher angewandelt haben, dem Adel eine lange Nase zu zeigen. Er ließ sich vierspännig zum Reichstag fahren – ein Privileg, das, wie er wußte, nur den kaiserlichen Staatskarossen eingeräumt war. Doch Wilhelm II. hat darüber nur gelächelt. Einem Dithmarscher Bauern wollte er diese aufmüpfige Geste zugestehen.

Blick zurück: Ein Knecht in der Marsch

Die Geschichte von Franz Rehbein spielt in den letzten Jahrzehnten des 19. Jahrhunderts. Sie führt uns in das soziale Umfeld der Kindheit Hebbels und noch ein wenig weiter die Leiter hinab: in das Leben der Landarbeiter in der Marsch. Sie ist ein Blick zurück im Zorn – aus der Perspektive der kümmerlichen Gesindestuben.

Franz Rehbein stammte aus Hinterpommern, der meistgelästerten Provinz des deutschen Reiches. Sein hinterpommersches Plattdeutsch wurde in Holstein schon für „polacksch" gehalten. Mit verfilztem Haar und ohne Schuhe saß er als 14jähriger in der Nähe von Kaltenkirchen an einem Knick und hütete die acht Kühe seines Kleinbauern. Das Ungewöhnliche an diesem Hirtenjungen war, daß er dabei las: die Hamburger Tageszeitung seines Bauern und geliehene Bücher eines Altenteilers aus dem Dorf. Fritz Reuters Werke und – man höre und staune – die alte Chronik des Landes Dithmarschen von Neocorus waren seine Lieblingslektüre.

Seinen Vater hatte er vor zwei Jahren in Hinterpommern an der Schwindsucht verloren. Seine Mutter hatte ihn mitgenommen zur miserabel bezahlten Feldarbeit auf dem Gut, um Geld und Nahrungsmittel für ihre Kinder zu verdienen. Vorher hatte er als Stiefelputzer und Laufbursche im großen

Franz Rehbein – ein Hütejunge, der schon mit 14 Jahren den Neocorus las.

Haushalt des Pastors gearbeitet, der ein halbes Dutzend Gymnasialschüler als Pensionsgäste beherbergte. Dort hatte Franz – ein wacher Junge mit hellem Köpfchen – ein gutes Deutsch gelernt und Schulhilfe durch Tertianer und Sekundaner gehabt. Der Pastor selbst hatte ihm Bücher zu lesen gegeben und später den Inhalt abgefragt: Biographien, Reisebeschreibungen und die Werke der großen Dichter.

Franz Rehbein hätte Lehrer werden können, wenn seine Mutter nicht so arm gewesen wäre. Doch so mußte er nach dem Schulabschluß für sich selber sorgen und ließ sich von einem Agenten nach Sachsen anwerben, obwohl er erst 14 Jahre alt, also zwei Jahre zu jung dafür war.

„Sachsen", das waren die Westprovinzen im Reich. Sie lockten die ostdeutschen Arbeiter an, weil dort höhere Löhne gezahlt wurden. Und am besten verdienten die Landarbeiter bei den Bauern in der Marsch.

Doch Rehbein landete, weil zu jung und also illegal, zunächst als Hütejunge bei einem holsteinischen Torfbauern und ein halbes Jahr später für zwei Jahre auf einem Gut in der holsteinischen „Grafenecke".

Dort diente er als „Lüttjung" und vermißte bitter jede geistige Anregung. Das Gut lag einsam in Feld und Flur, seine Dienstleute hatten jahrelang nichts anderes von der Welt gesehen und waren vom monotonen Alltagstrott so abgestumpft, daß sie nicht einmal Lust zum Sprechen hatten. Nur der joviale Verwalter, der durch Zufall bemerkt hatte, daß der Lüttjung Franz schreiben konnte, gab ihm hin und wieder etwas zu lesen.

Leider starb dieser freundliche Mann, und sein arroganter Nachfolger traktierte Franz Rehbein mit einer gewaltigen Ohrfeige, weil er während einer Auseinandersetzung des Großknechtes mit dem neuen Inspektor eine naseweise Bemerkung gemacht hatte. Grund genug für den jetzt 16jährigen Rehbein, zum Herbst zu kündigen und endlich das Ziel seiner Wünsche, die reichen Bauernhöfe an der Küste Dithmarschens, anzusteuern.

Dort kam Bewegung in sein Leben. Während der zwei Jahre auf dem Gut hatte er „unseren Herrn Grafen" nur dreimal von ferne gesehen. Jetzt sollte er seine Dienstherren täglich um sich haben, sollte im Einvernehmen oder Aufbegehren mit ihnen zurechtkommen und lernen, als Knecht seine – wenn auch noch so schwache – menschliche Position zu behaupten.

Daß das im Dithmarschen des 19. Jahrhunderts für einen Landarbeiter ein schweres Stück Arbeit war, kann man in seinen Lebenserinnerungen nachlesen.

Als wacher Beobachter und später auch politisch engagierter Verfechter der Landarbeiterinteressen entwickelte sich Rehbein vom ahnungslosen „Lüttknecht", der seinem ersten als „Filz und Geizhals" verschrienen Bauern hilflos ausgeliefert ist, zum selbstsicheren Großknecht, der handgreiflich mit seinem Dienstherrn rechtet. Auf einem halben Dutzend Marschhöfen lernte Rehbein die Licht- und Schattenseiten seiner Dithmarscher Arbeitgeber kennen, und was er nicht am eigenen Leibe erfuhr, das hörte er von den Knechten und Deerns der anderen Höfe.

Daß Unterbringung, Verpflegung und oft auch die Behandlung der Dienstleute schlecht waren, galt nicht nur in Dithmarschen als die Regel. Allerdings hatte Rehbein hier vielleicht etwas besseres erwartet, da die Wohlhabenheit der Bauern weit über die Grenzen des Landes hinaus bekannt war. Kam es doch nicht selten vor, daß einer von ihnen beim vormittäglichen Kartenspiel ohne Wimpernzucken den Jahreslohn eines Knechtes verlor.

Es war wohl kein Zufall, daß Rehbein in Dithmarschen, dem Bauernland mit seiner Freiheitstradition, aufzumucken begann. Anfangs staunte er darüber, daß es ihm nicht an den Kragen ging, wenn er sich seinem Bauern erfolgreich widersetzt hatte. Doch er begriff sehr schnell, daß ein Dithmarscher Herr an „Gesicht verlor", wenn er offen zugeben mußte, mit seinen Knechten nicht zurechtzukommen.

Als ihm sein erster Bauer nach einem Jahr harter Arbeit keinen Lohn auszahlte und der Hoferbe ihn beim Pflügen mit der Peitsche verdrosch, schlug Rehbein zum erstenmal in seinem Leben zurück, nahm die Mistforke in die Faust, brüllte seinem Dienstherrn die Kündigung ins Gesicht und lief davon.

Das brachte ihn natürlich in Schwierigkeiten, denn der Bauer konnte ihn wegen Vertragsbruches vom Polizisten des Amtes zwangsweise zurückbringen lassen. Und seinen Anspruch auf Lohn hatte er nun vollends verspielt.

Doch da kam die Überraschung: Rehbein fand listigen Rat und praktische Unterstützung beim Kirchspielschreiber und bei seinem neuen Bauern, der ihn sofort in Dienst genommen hatte. Sie gaben ihm den guten Rat, sich vom Gesetzeshüter pro forma zurückbringen zu lassen, dann aber gleich wieder auszukneifen. Der Polizist kam dem jungen Revoluzzer sogar soweit entgegen, daß er ihn nicht spektakulär abführte, sondern in unauffälligem Abstand begleitete und schenkte ihm als Sympathiebeweis unterwegs eine Zigarre.

Rehbein setzte sich also noch im Augenblick des unerfreulichen Wiedersehens mit seinem bisherigen Arbeitgeber eiligst über den Misthaufen auf „neutrales Land" ab, während der Polizist wohlwollend danebenstand. Drei Mark Strafe mußte er allerdings in die Kasse der Kirchspielvogtei zahlen. Aber die ließ sein neuer Bauer für ihn springen.

Später, als Rehbein Großknecht war, kam es zu einer dramatischen Auseinandersetzung mit einem reichen Dienstherrn, der zwar guten Lohn zahlte, seine Leute aber schlecht verpflegte und behandelte. Der Bauer hatte seinen erschöpften Lüttjung mit einem Stock verprügelt, weshalb Franz Rehbein die Galle überlief. Er packte seinen Arbeitgeber an der Kehle, warf ihn hinter den Mastochsen in die „Gööt" und drehte ihn im frischen Kuhmist ein paarmal um. Zum Abschluß zog er ihm mit einem Forkenstiel ein paar Hiebe übers Kreuz.

Wegen dieses Vorfalls hätte der Großknecht sofort entlassen werden können. Doch der Bauer stellte nicht einmal einen Strafantrag. Rehbein dazu in seinen Erinnerungen: „Es war ihm wohl zu blamabel erschienen, als Bauer in der Rolle des

Verprügelten vor Gericht hinzutreten. Auch entspricht es einer alten Landessitte in Dithmarschen, nicht gleich wegen einer Tracht Prügel zum Kadi zu laufen. Wenn man sich im Handgemenge Mann gegen Mann nicht wehren kann, ist man in der Regel mit seinem Schaden zufrieden und sagt am liebsten nichts davon."

Trotz dieser Auseinandersetzung blieb Rehbein auf dem Hof, weil er von sich aus den Arbeitsvertrag nicht brechen und damit auf Lohn verzichten wollte. Doch er wehrte sich weiter mit so viel perfiden Kunststückchen gegen die Schikanen des Bauern, daß dieser ihn schließlich händeringend selber darum bat zu gehen: „Minsch – doh mi den eenzigsten Gefalln un mak dat du wegkummst! Du kannst jo'n Peerd dotargern!"

Franz Rehbein machte jedoch auch gute Erfahrungen mit Dienstherren in Dithmarschen. Derjenige, der ihm nach dem Fiasko beim ersten Bauern aus der Patsche geholfen hatte, sorgte für geregelte Arbeitszeiten und einen guten Umgangston. Die Bäuerin kochte reichlich und schmackhaft, und die Söhne des Bauern vertieften sich abends mit dem Knecht aus Hinterpommern in betriebswirtschaftliche Fragen.

So lernte Rehbein über rationelle Wirtschaftsweise, Erntekalkulation, Fütterungskosten, Bodengüte, Witterungseinflüsse und manches andere so viel, daß er selber Einnahmen und Ausgaben eines Hofes in einer Wahrscheinlichkeitsrechnung zusammenstellen und landwirtschaftliche Verhältnisse beurteilen konnte. Fachblätter wurden ihm geliehen, bei deren Lektüre er merkte, daß ein „dummer Bauer" sehr viel mehr wissen muß, als gemeinhin angenommen wird.

Hier tat sich also für einen Knecht eine Welt auf, die ihm auf den Gütern und großen Höfen des Ostens sicher verschlossen geblieben wäre.

Auch ein anderer Dithmarscher Bauer, in dessen Diensten Rehbein die „dralle Grootdeern" kennenlernte, die seine Frau werden sollte, sah es gern, wenn seine Leute sich bei ihm Lesestoff holten. Er war gebildet, hatte eine Bibliothek und erörterte Tagesfragen mit dem Gesinde.

Für Rehbein war es deshalb ein Grund, einen Musterhof in Hedwigenkoog zu verlassen, weil der Bauer es ihm verbot, Zeitung zu lesen. Er verlangte nur, daß seine Leute ihre „Knochen drödig gebrauchten". Eine Anstrengung des Kopfes, so meinte er, könnten sie sich getrost ersparen.

Als Kavallerist hatte Rehbein während seiner Militärzeit die Landwirtschaft in Elsaß-Lothringen kennengelernt. Im Vergleich zur Wirtschaftsweise in Dithmarschen erschien sie ihm „urväterlich, püttcherig, unpraktisch und unmodern", ebenso die südwestdeutschen Bauern, die damals noch Leinenkittel, Holzschuhe und Zipfelmütze trugen.

Welch ein Gegensatz dazu seine Beschreibung der Marschbauern, zu denen er nach der Militärzeit zurückging: „. . . durchaus nicht etwa die dummen tranigen Tölpel von anno Toback. . . Ach nein, die haben sich dort verdammt modernisiert. In Kleidung und Auftreten messen sie sich heutzutage mit jedem honetten Bürgersmann, und ihre Söhne und Töchter wissen die Moden der Neuzeit genau so gut zu würdigen, wie die Sprößlinge eines Fabrikbesitzers oder Kommerzienrats. Dementsprechend sind auch Wohnungseinrichtungen, besonders die „Beststuw", vielfach hochmodern. Teure Tapeten und elegante Polstermöbel gehören da zu dem ganz selbstverständlichen Hausbedarf. . .

Man braucht sich gar nicht zu wundern, wenn sich uns irgendein hochgewachsener, würdig aussehender Herr in tadellosem Anzug und mit schwer goldenem Kneifer auf der Nase als Marschbauer vorstellt. An der Bezeichnung „Bur" hält er in seiner heimatlichen Gegend allerdings noch mit altem Stolze fest; auswärts nennt er sich dagegen mit Vorliebe Landwirt oder Hofbesitzer. Das neuzeitlich allerorts gesteigerte Bildungsbedürfnis hat auch die meisten Marschbauern bewogen, ihre Söhne wenigstens eine Zeitlang auf bessere Schulen zu schicken und sie einige Kurse auf landwirtschaftlichen Lehranstalten absolvieren zu lassen. Ebenso erhalten die Töchter vielfach Klavierunterricht. Überdies fehlt es auf keinem Hofe an einer oder mehreren Zeitungen und landwirtschaftlichen Fachzeitschriften.

Freilich vermag nicht jeder dieser modernisierten Bauern den alten Adam zu verleugnen. Die ererbten Eigenschaften persönlicher Grobkörnigkeit und der Mangel an natürlichem Schliff werden in solchen Fällen durch einen äußerlich zur Schau getragenen Bildungsfirnis nicht allemal glücklich verdeckt, und das Benehmen artet dann gar zu leicht in dickwanstige Aufgeblasenheit und massive Protzigkeit aus. Besonders unter den jüngeren Hofbesitzern findet sich manch einer, der die Allüren und Passionen ostelbischer Großagrarier wenigstens teilweise nachzuahmen sucht, wodurch dann das an sich recht sympathische bäuerliche Selbstbewußtsein unfehlbar einen Stich ins Lächerliche erhält."

Hinterpommern hatte also einen Ackerknecht mit unerschrockenem Urteil auf Dithmarschen losgelassen. Ohne daß seine Herrschaften es ahnten, hat er sie so kritisch gemustert, wie sie selber einen Arbeiter abzuschätzen pflegten, der sich bei ihnen verdingen wollte.

Rehbein hat zuletzt als Tagelöhner gearbeitet. Nicht nur er, sondern auch die Bauern in Dithmarschen, die nie Leibeigenschaft gekannt hatten, bevorzugten vertragliche Bindungen, die beiden Partnern mehr Freiheit einräumten als die Verträge mit dem Gesinde. Er wurde aktiver Vorkämpfer für die Sozialdemokratie. Den Mut zur Auflehnung gegen unmenschliche Strukturen hat er in Dithmarschen gefunden: „Nicht in der Stadt bin ich zur Sozialdemokratie ‚betört' oder ‚terrorisiert' worden, sondern in ländlicher Abgeschiedenheit an einsamer Wasserkante, wo die Welt mit Brettern vernagelt ist. . ."

Franz Rehbein wäre aus seinen kümmerlichen Verhältnissen wohl nie herausgekommen, wenn nicht ein Schicksalsschlag ihn auf ein neues Gleis geschoben hätte. Als er 28 Jahre alt war, wurde ihm bei der Arbeit an der Dreschmaschine der rechte Arm abgerissen. Was anfangs wie ein schreckliches Verhängnis aussah, erwies sich schließlich als glückliche Fügung für den intelligenten Mann. Er mußte in die Stadt ziehen, fing an, für schleswig-holsteinische SPD-Zeitungen zu arbeiten und war ab 1907 Gewerkschaftsfunktionär in Berlin.

Blick zurück: Ein MdB von der Geest

Die Geschichte von Hermann Glüsing führt uns in die Gegenwart und auf den Weg eines Dithmarschers vom Geesthof in Wrohm ins Plenum des Bundestages nach Bonn. Sie ist im Gegensatz zu Franz Rehbeins Erinnerungen eine „Bilanz von oben", gezogen aus der Perspektive des Abgeordnetensitzes im Bundeshaus.

Glüsing, 1908 als Sohn eines Geestbauern geboren und von 1949 bis 1972 direkt gewählter CDU-Abgeordneter Dithmarschens im Bonner Bundesparlament, hätte wohl auch in der alten Bauernrepublik politische Karriere machen können. Aus dem, was er über sich und andere dachte, machte er in seiner „Lebensbeichte", wie er sein Buch scherzhaft nannte, keinen Hehl. In erfrischender Unbekümmertheit läßt er den Leser teilhaben an seinen Vorstellungen und Werturteilen, rechtfertigt er seine Motive und Handlungen. Vieles davon erinnert an Eigenarten, die den Dithmarschern schon vor Jahrhunderten zugeschrieben worden sind.

Da ist zum Beispiel die von Neocorus gerühmte Dithmarscher Eloquenz. Glüsing besaß sie in hohem Maße. Schon als Kind war er nicht auf den Mund gefallen. Und er wußte sehr früh, was seine Redegewandtheit wert war.

In jungen Jahren ließ er sich in Rhetorikkursen schulen und

setzte diese besondere Fähigkeit sein ganzes Leben lang bewußt ein.

So war dann auch seine Jungfernrede, die er 1951 im Bundestag hielt, für den Kommentator der „Frankfurter Allgemeinen" eine Sensation. Daß da ein unbekannter Hinterbänkler (ein Bauer!) aufstand und ohne einen Blick auf sein Manuskript in freier Rede einen „vorzüglichen Beitrag zur Parlamentsdiskussion" lieferte, versetzte den Berichterstatter in höchstes Erstaunen.

Wer miterlebt hat, mit welcher Souveränität Hermann Glüsing während einer hochoffiziellen Ansprache – auf einen Zwischenruf hin ins Plattdeutsche wechselnd – einen Kasten Bier verwetten konnte, um dann sofort wieder beim alten Ton und Thema zu sein, der hätte ihn sich auch vorstellen können als schlagfertigen Weggefährten der Bauernführer, die einst mit Schleswig-Holsteins Junkern stritten.

Daß er Führungsansprüche stellen konnte, bewies sein Ausschluß aus der NSDAP im Jahre 1933. Er hatte sich geweigert, zu einem SA-Patrouillengang zu erscheinen, weil ihm nicht die Führung der Gruppe übertragen worden war. Als er nach dem Zusammenbruch 1945 seine Laufbahn in der Kommunalpolitik begann, erwies sich das als Segen. „Gott sei Dank", schrieb Glüsing, „daß das Schicksal es im Jahr 1933 so gut mit mir gemeint hat."

Er hatte keine Angst vor Arbeit, Öffentlichkeit und Verantwortung. So war er Amtswehrführer der Freiwilligen Feuerwehr, Amtsvorsteher einer Kirchspielslandgemeinde, Kreisbauernvorsteher, Kreisvorsitzender seiner Partei, Kreistagsmitglied und Kreispräsident. Seinen Sitz im Bonner Bundesparlament betrachtete er auch als Schaltstelle für die Einflußnahme auf die eigene Partei im Wahlkreis.

Trotzdem war seine Selbsteinschätzung realistisch genug, um zu wissen, daß er Spitzenpositionen in Bonn nicht einnehmen konnte. Er wollte „nicht höher klettern, als die Zweige reichen". Er sah sich als Allroundpolitiker im Mittelfeld, wo er für seinen Wahl- und Heimatkreis „herausholen wollte, was überhaupt nur herauszuholen war".

Glüsing setzte auf Popularität, und auf diesem Gebiet ist ihm Unglaubliches gelungen. Daß er sein Direktmandat in fünf von sechs Bundestagswahlen mit jeweils über 50 Prozent der Wählerstimmen erhielt, hat ihm bisher kein Bundestagskandidat in Schleswig-Holstein nachgemacht.

Dieser Erfolg ist ihm nicht in den Schoß gefallen. Trotz seiner Arbeit in Bonn war er in Dithmarschen ständig präsent. Anfangs hetzte er noch mit dem VW-Käfer zwischen Bonn und seinem Wahlkreis hin und her. Oft startete er nach nachmittäglichen Fraktionssitzungen gen Norden, leitete abends Versammlungen in Dithmarschen und steuerte um Mitternacht wieder in Richtung Bonn, um am nächsten Morgen im Parlament zu sitzen. Zu einer Rundfunksendung in Hamburg zog er sich kurz vorm Stadtrand hinter einem Busch am Straßengraben ein frisches Oberhemd an.

Glüsing kannte alle Bürgermeister, alle Dorfkrüge, alle Funktionäre in seinem Revier. Sein Werben um Gefolgschaft machte vor den Grenzen der parteipolitischen Gegenseite nicht halt, was ihm aus eigenen Reihen wohl auch Rügen eintrug. In den frühen fünfziger Jahren, als es zwischen den Marschbauern und ihren Landarbeitern noch erhebliche soziale Spannungen gab, machte er sich stark für einen bezahlten arbeitsfreien Sonnabend der Landarbeiter. Seine bäuerlichen Wähler in den Kögen hörten das nicht gern, und ein Geschäftsführer der Landarbeitergewerkschaft bot ihm einen Posten in dieser Organisation an, falls er in Dithmarschen einmal „nichts mehr zu tun haben würde".

Aber er hatte immer genug zu tun. Er lud ungezählte Besuchergruppen aus Dithmarschen nach Bonn ein und schleuste

Besuch in Bonn für den Dicken aus Dithmarschen.

sie durch die Regierungsgebäude. Am Sonnabendvormittag erschien er so oft wie möglich auf dem Heider Wochenmarkt, um „Volkes Stimme“ zu hören. Im Bonner Bundeshaus kannten ihn die dienstbaren Geister als den „Dicken aus Dithmarschen". Er hatte dafür gesorgt, daß sie seinen Besuchern – auch den unangemeldeten – alle Türen öffneten. In seinem Wahlkreis wurde er kurz und bündig „Hermann Bonn" genannt. Unter diesem Markenzeichen war er bis ins letzte Haus Dithmarschens bekannt.

In der ersten Nachkriegszeit, als die in Dithmarschen sonst übliche Nachbarschaftshilfe nicht recht funktionieren wollte und die Masse der ostdeutschen Flüchtlinge hungern mußte, nahm sich Glüsing der Sache an. Und zwar auf eine Weise, wie sie wahrscheinlich schon 400 Jahre früher geübt worden war, wenn Erlasse der siegreichen Fürsten unbequem wurden. Ohne viel auf die Besatzer-Obrigkeit zu schielen, leitete der Kreisbauernvorsteher große Mengen kanadischer Saatkartoffeln auf die Diele seines Hofes um und von dort zweckentfremdet in die Kochtöpfe der Heimatvertriebenen.

Er sorgte dafür, daß Moorflächen zum Torfstechen gepachtet wurden, damit die frierenden Neubürger sich mit Brennmaterial versorgen konnten. Auf der Koppel eines Bauern wurden für sie Schrebergärten ausgewiesen. Und sogar an den Schwarzschlachtungen ließ der gewitzte Amtsvorsteher die hungrigen Zugereisten teilhaben. Jeder Selbstversorger, der auf seinem Schlachtschein nur ein Ferkel angegeben hatte, obwohl ein ausgewachsenes Borstentier auf der Leiter hing, war gehalten, ein paar Kilo illegales Fleisch an bedürftige Familien abzugeben, wenn er sich des „amtlich unterschlagenen" großen Restes erfreuen wollte. Hier offenbarte sich soziales Gewissen, noch bevor es Wählerstimmen bringen konnte.

Auch bei anderen Gelegenheiten ließ sich der Bauer Hermann Glüsing von den Vertretern der Besatzungsmacht nicht den Schneid abkaufen. Als die Anordnung kam, von 200 000 Hektar Grünland in der Eiderniederung mehr als die Hälfte in Ackerland für Kartoffeln, Rüben und Getreide zu verwandeln, sah Glüsing darin einen unverständigen und massiven Eingriff in gewachsene Agrarstrukturen, zumal das Land noch nie einen Pflug gesehen hatte und schlechte Ernten bringen würde. Für seinen Protest holte er sich Schützenhilfe, wo er konnte, und erreichte immerhin, daß nur die Hälfte des vorgesehenen Areals umgebrochen wurde.

Als schließlich ein englischer Besatzungsoffizier den in Heide zusammengerufenen Bauern beibringen wollte, wie sie mit den aus den USA gestifteten Düngemitteln umzugehen hätten, traf er in Unkenntnis jahrhundertealter dithmarsischer Agrarerfahrung bei seinen Zuhörern auf den hohlen Zahn. Es war Glüsing, dem der Kragen platzte: „Sie haben es hier nicht mit Neulingen zu tun. . . Geben Sie uns nur Ihre Düngemittel, und wir werden schon wissen, wie wir sie anzuwenden haben." Weitere Belehrungen verbat er sich.

Der Engländer, vermutlich nur an kleinlaut gewordene Deutsche gewöhnt, war über diesen Ausbruch gekränkten Ehrgefühls erschrocken. „Was war denn das für ein wilder Kerl, der da gesprochen hat?" fragte er seinen Dolmetscher, „ist er einer von den Nazis?"

Zur Bundestagswahl 1972 hat sich Hermann Glüsing nicht wieder als Kandidat aufstellen lassen. Sechs Legislaturperioden hintereinander mit Rekordzahlen in den Wahlergebnissen – das war eine reife Leistung für einen Mann, der sich manchmal im Scherz als jemand bezeichnete, der „mit knapper Not den Volksschulabschluß in Wrohm erreicht hat".

Zwischen seinen Parteifreunden und Widersachern stand der breitschultrige, beleibte Bauer mit dem vierkantigen Gesicht wie ein Monument. Sein publikumswirksames Understatement war Ausdruck eines Selbstgefühls, das allein in der Anerkennung „seiner Leute zu Hause" wurzelte. Am liebsten hätte er sich einen Sozial-Konservativen genannt. In erster Linie war er jedoch ein Dithmarscher von der Geest.

Dithmarscher feiern, wie sie fallen

„Bitte nicht hupen, Fahrer schläft" – dieser gemütliche Spruch stand in den siebziger Jahren auf vielen Autohecks in deutschen Landen. In Dithmarschen gab man der harmlosen Blödelei eine schärfere Pointe: „Hupen zwecklos, bin Dithmarscher".

Hier fuhren Leute ihr Image spazieren – das Image vom sturen, unnachgiebigen Mann – und hatten Spaß daran.

Dithmarscher wissen um diesen heimlichen Rest von Widerborstigkeit, der ihnen immer noch anhaftet, und sie mögen ihn. Daran kennt man sie oft unter anderen Menschen heraus: Ihre Stimmen sind etwas lauter, ihre Köpfe etwas höher und sogar ihre Trecker scheinen etwas breiter zu sein als andere, wenn sie auf Bauerndemonstrationen auftauchen.

Was sie vorbringen wollen, sagen sie geradeheraus und nicht durch die Blume. Ihre unmißverständliche Zielansprache ist so etwas wie ihr Markenzeichen. Ein Landwirt aus Angeln an der Ostseeküste formulierte das so: Wenn jemand eine unglaubwürdige Lügengeschichte erzählt, dann antwortet der Angeliter darauf mit „Dat much woll ween", der Nordfriese mit „Dat glöw ik nich" und der Dithmarscher mit „Du lüggst!"

Von der diplomatischen Verbindlichkeit im Lande Angeln

Sachverständige Schlachtenbummler: „Nu blots keen Bleier!“

über die vorsichtige Ablehnung in Nordfriesland bis zum aggressiven Vorwurf in Dithmarschen – drei Variationen über ein Thema, die sicher nicht aus der Luft gegriffen sind. Zierliche Schnörkel und Arabesken sind kein Fall für Dithmarscher.

Überhaupt ist das, was man gemeinhin unter Eleganz versteht, den Dithmarschern selten gelungen. Die feine Art der

Höflinge haben sie nie gelernt. Woher auch? Es gab keinen Adel in ihrem Land, der Vorbildfunktionen übernehmen konnte, und von den Fürsten außerhalb ihrer Grenzen haben sie alles andere als Höflichkeit erfahren. Man kann es ihnen kaum verübeln, daß feines Gehabe ihnen eher verhaßt war und sie mißtrauisch machte. Ihre Liebe gehört nun einmal den einfachen ländlichen Seiten des Lebens, mit denen sie und ihre Vorfahren großgeworden sind.

Wer unverfälschtes Dithmarscher Naturell erleben will, sollte sich also Gummistiefel anziehen und im Spätwinter in die Feldmark gehen, wenn auf den Äckern und Weiden geboßelt wird. Da fliegen die mit Blei gefüllten Holzkugeln in gewaltigen Würfen über Wälle und Gräben, da wirbeln die Werfer in rasanter Drehung durch die Luft.

Die Bahn geht oft über frisch gemistete Felder und quatschnasse Niederungen, über matschigen Schnee oder hartgefrorene Furchen. Geboßelt wird bei jedem Wetter.

Man hört sie schon von weitem, bevor die Wimpel der Bahnanweiser im grauen Dunst sichtbar werden. „Hier mutt he hen!" schallt es durch die Stille. Alle Kaninchen gehen in Deckung, und die Nebelkrähen suchen das Weite. Anfeuernde Schreie der Mannschaften heizen ihren Werfern ein. Sie haben Jacken und Stiefel ausgezogen und treten zum Wurf im Turnhemd an.

Jede Mannschaft hat ihren „Kretler", einen wortgewaltigen Mann, der für Kampfstimmung sorgt und darauf sieht, daß seine Leute möglichst viele Vorteile ergattern. Mit Schreien der Entrüstung oder Freude wird jeder „Bleier" kommentiert, bei dem die Boßelkugel weit ins Abseits fliegt und eine Mannschaft ins Hintertreffen bringt.

Boßeln, das ist eine Spielwiese Dithmarscher Männer. Neuerdings versuchen sich auch schon Frauen in diesem Sport. Jedes Jahr kämpfen einzelne Dörfer oder ganze Dorfverbände gegeneinander. Es ist überliefert, daß ein junger Lehrer, der sich 1802 in Schülp um eine Anstellung bewarb, den Bauern erst einmal zeigen mußte, welche Qualitäten er als Boßler besaß. Sie rangierten noch vor seinen pädagogischen Fähigkeiten. Der ungeübte Seminarist hatte Glück: Auf Anhieb gelang ihm ein gewaltiger Wurf. Seine Zukunft im Dorf war gesichert. Auch Knechte, die gut werfen konnten, waren im 19. Jahrhundert gesuchte Leute. Mit einer Zulage zum üblichen Jahreslohn kaufte der Bauer sie in die dörfliche Mannschaft ein.

Boßeln ist noch heute ein uriges Vergnügen, bei dem die Dithmarscher ganz unter sich sind. Bis zu den Touristen hat sich dieses Spektakel noch nicht herumgesprochen. Sie würden wohl auch den Witterungsbedingungen und dem unwegsamen Gelände keinen Geschmack abgewinnen. Deshalb sind auch die Schlachtenbummler bei Boßelkämpfen nur sachverständige Einheimische.

Wer die verwegenen Gestalten durch Matsch, Schlackerschnee und kalten Wind der Boßelkugel nachziehen sieht, kommt um die Erkenntnis nicht herum, daß Dithmarscher dem Leben noch Seiten abgewinnen können, die der Rest der Welt längst vergessen oder durch feinere Erfindungen sublimiert hat. Innerhalb einer Gesellschaft, die weitgehend genormt, von Computern erfaßt und von kommerzieller Werbung gelenkt ist, haben sie sich einen kleinen archaischen Fundus gerettet, der sie mit dem versorgt, was sie von anderen unterscheidet.

Dithmarscher können die reine Freude, aber auch ein ungeheures Ärgernis sein. Sie haben es fertiggebracht, diese beiden Extreme in jahrhundertelanger Übung so großartig miteinander zu verschmelzen, daß eine Legierung entstanden ist, die zu analysieren man sich scheut. Dithmarscher sollte man also feiern, wie sie fallen – und lassen, wie sie sind.

Literaturverzeichnis

Bellmann, Dieter: Eiderdamm, Natur und Technik, Christians Verlag, Hamburg

Chalybaeus, R.: Geschichte Dithmarschens . . ., Reprint der Ausgabe Kiel und Leipzig 1888, Schuster, Leer 1973

Dithmarscher Landeszeitung, Jahrgänge 1986 bis 1991, Heide

Drenkhahn, U.: Wohnen und Wirtschaften in der Marsch in „Frühe Siedler an der Küste", Boyens & Co., Heide 1991

Glüsing, H.: Dor warr ik mi um kümmern, Verlag Udo Christiansen, Heide 1976

Groth, K.: Über Sprache und Dichtung, Boyens & Co., Heide 1981

Gülk, G. K.: Gustav Adolph Thomsen 1833–1915, in: Zeitschrift „Dithmarschen" Heft 2/72

Hansen, U. A.: Charakterbilder aus den Herzogthümern Schleswig, Holstein und Lauenburg . . ., Lübeck 1858

Hartig, J.: Wohin das Herz uns treibt, Boyens & Co., Heide 1985

Hoffmann, A.: Die Volkstrachten in Dithmarschen, Boyens & Co., Heide 1962

Kamphausen, A.: Erlebtes Dithmarschen, Boyens & Co., Heide 1959

Kamphausen, A./Nissen, N. R./Wohlenberg, E.: Dithmarschen, Boyens & Co., Heide 1968

Koch-Facompré, G.: „Die Landvolkbewegung" in Zeitschrift „Dithmarschen", Heft 4/Dezember 1991

Krause, W.: Alte Geschichten aus Dithmarschen, Boyens & Co., Heide 1976

Lammers, W.: Die Schlacht bei Hemmingstedt, 3. Auflage, Boyens & Co., Heide 1987

Lübbe, Th.: Dithmarscher Journal in Zeitschrift „Dithmarschen", Heft 2/Juli 1987

Mügge, Th.: Streifzüge in Schleswig-Holstein . . ., Frankfurt a. M., 1846

Neocorus: Chronik des Landes Dithmarschen, Band 1 und 2, herausgegeben von F. C. Dahlmann, Kiel 1827

Nissen, N. R.: Süderdithmarschen 1581–1970, Boyens & Co., Heide 1970

Peters jun., H.: Peter Swyn, Krempel 1987

Rehbein, F.: Das Leben eines Landarbeiters, Christians Verlag, Hamburg 1985

Schreiber, I.: „Ich war wohl klug, daß ich dich fand", Heinrich Christian

Boies Briefwechsel mit Luise Mejer 1777–1785, Biederstein Verlag, München 1961 (Nachdruck 1975)
Schroeder, A.: Nachbauten eisenzeitlicher Häuser von Ostermoor, Hodorf und Tofting in „Frühe Siedler an der Küste", Boyens & Co., Heide 1991
Schulz, W.: Die Machtübertragung an die Nationalsozialisten in Meldorf, Boyens & Co., Heide 1986
Stock, W.: Chronik der Gemeinde St. Michaelisdonn, Herausgeber Gemeinde St. Michaelisdonn 1984
Stoltenberg, G.: Politische Strömungen im schleswig-holsteinischen Landvolk 1918–1933, Droste Verlag, Düsseldorf 1962
Stoob, H.: Geschichte Dithmarschens im Regentenzeitalter, Boyens & Co., Heide 1959
Stoob, H.: Das alte Dithmarschen und die Bauernstaaten der Nordseeküste, 2. Teil, in Zeitschrift „Dithmarschen", Heft 3/1965, Heide
Thomsen, W. J.: Landleben in der Weimarer Republik, Boyens & Co., Heide 1989
Trende, F.: Marne, Boyens & Co., Heide 1990
Wellhausen, B.: Hebbel in Wesselburen, Boyens & Co. 1986